Joachim Jahnke

Der Engel mit dem Rückwärtsgang

Warum die neoliberale Globalisierung noch umkehrbar ist und was dafür geschehen müsste

Bibliografische Information der Deutschen Nationalbibliothek:
Die Deutsche Nationalbibliothek verzeichnet diese Publikation in
der Deutschen Nationalbibliothek, detaillierte bibliographische
Daten sind im Internet über http://dnb.d-nb.de abrufbar.

Herstellung und Verlag: BoD – Books on Demand, Norderstedt
ISBN: 9783743126701

Inhalt

Einleitung: Die Rolle rückwärts, eine Utopie?

Wer wie ich 1939 das Licht der Welt erblickte, wurde in den zweiten Weltkrieg hineingeboren, unter dem er dann in jungen Jahre meist selbst erheblich zu leiden hatte. Sehr viele Kinder haben ihre Väter verloren oder während langer Kriegsgefangenschaft vermissen müssen. Andererseits waren sie bei Kriegsende 1945 meist gerade so alt, dass sie die Dimensionen des deutschen Untergangs mindestens schemenhaft wahrnehmen konnten. Bis zum Ende der siebziger Jahre war dieser Jahrgang so etwa vierzig Jahre alt und in dem, was man damals noch die besten Mannesjahre nannte.

Verglichen mit 1945 war es eine total andere Welt. Es gab in den siebziger Jahren nur den einen und dann sehr kurzen Wirtschaftseinbruch von 1975. Entsprechend gross war bei den meisten Menschen der Optimismus. Eine globale Welt gab es natürlich schon, doch spürte man wenig davon, allenfalls während der Ölkrise von 1973. Kaum jemand musste sich Gedanken um die Sicherheit von Renten und die Gefahr von Altersarmut machen, fast paradiesisch im Blick von heute.

Mit dem Kniefall Brandts von Warschau und den von ihm geschlossenen Moskauer und Warschauer Verträgen, die die Oder-Neisse Grenze anerkannten, hatte Deutschland seine aussenpolitische Lage stabilisiert und war nun auch nach Osten ein respektierter und geschätzter Partner geworden. Deutschland holte 1974 die Welt zur Fussballweltmeisterschaft ins Land und war dabei sogar erfolgreich. Der Vietnamkrieg, der meine Studentengeneration protestierend auf die Strassen getrieben hatte, ging 1975 zu Ende. Während 1974 in USA die Watergate-Affäre Präsident Nixon zum Rücktritt zwang, war die deutsche Demokratie gefestigt und überstand auch relativ unbeschädigt den „Deutschen Herbst" von 1977, in dem sich die RAF auf ihre Mordserie machte.

Anders als heute waren die jungen Generationen politisch sehr aktiv. Zwar waren die Hochzeiten der Mitte der Sechziger entstandenen APO und der Studentenbewegung von 1968 vorbei. Doch kam es nun zu den „Neuen Sozialen Bewegungen" für Frauen, Schwule und Lesben, für Behinderte, den Frieden, die Ökologie, die Bürgerinitiativen, gegen die Atomkraft und für die Dritte Welt. Wir erlebten die Hippies, den Punk, die europäischen Ausläufer des indischen Bhagwan und die Jesus-People. In der Technik begann schnell erfolgreich die Ära der Personal Computer. In den siebziger Jahren (wie schon zuvor in den Sechzigern) fand der „Neue Deutsche Film" weltweite Anerkennung, was ihm seitdem in diesem Umfang nie wieder gelang. Im Zeichen der „Neuen Subjektivität" sprudelte die deutsche Literatur auf hohem Niveau mit Autoren wie Grass, Handtke, Walser und vielen anderen.

Von denen, die wie ich aus dem Jahrgang 1939 das Ende des Zweiten Weltkriegs schon halbwegs bewusst erlebten oder älteren Jahrgängen angehören, leben heute noch etwa sechs Millionen Menschen. Das sind die Letzten, die für diesen Neubeginn Deutschlands noch aus eigenem Bewusstsein zeugen können, nur noch ein kleiner Teil von jetzt weniger als acht Prozent der Bevölkerung unseres Landes. Alle anderen müssen nachlesen, was damals geschehen ist. Die meisten werden sich gar nicht mehr dafür interessieren. Meine Generation hat jedenfalls noch bis in die siebziger Jahre optimistisch nach vorn geblickt.

Seit beginnend in den späten siebziger Jahren und besonders unter der rot-grünen Koalition Gerhard Schröders ab 1998 die Soziale Marktwirtschaft in Deutschland immer weiter abgebaut und dies mit den Notwendigkeiten aus der Globalisierung begründet wurde, beschleicht viele Menschen eine rückwärts gerichtete Wehmut, und das neuerdings zunehmend. Sie wird begleitet von einer Wut auf das, was die Neoliberalen brutal und rücksichtslos mit der neoliberalen

Globalisierung über die letzten Jahrzehnte in Deutschland und anderswo angerichtet haben. Dazu kommt bei mir neuerdings eine klamm-heimliche Freude über jeden Stein, der von einer endlich wenigstens teilweise aufwachenden Menschheit auf dieses System geworfen wird. Man kann einen solchen Geisteszustand auch als „Hoffnung rückwärts" bezeichnen, während normalerweise Hoffnung immer nach vorn gerichtet wird. Es ist eine Hoffnung, dass das, was jetzt schon etwas rückwärts liegt, wieder nach vorne kommt.

Der Gedanke ist nicht neu. Paul Klee hat 1920 eine Zeichnung vom „Angelus Novus", dem neuen Engel, geschaffen, die später durch Walter Benjamin bekannt wurde. Der hatte sie erworben und ständig bei sich geführt, als er über den Sinn der Geschichte nachdachte. Er schrieb dazu 1940, bevor er sich als aus Deutschland nach Frankreich geflüchteter Jude dort das Leben nahm:

„Es gibt ein Bild von Klee, das Angelus Novus heisst. Ein Engel ist darauf dargestellt, der aussieht, als wäre er im Begriff, sich von etwas zu entfernen, worauf er starrt. Seine Augen sind aufgerissen, sein Mund steht offen und seine Flügel sind ausgespannt. Der Engel der Geschichte muss so aussehen. Er hat das Antlitz der Vergangenheit zugewendet. Wo eine Kette von Begebenheiten vor uns erscheint, da sieht er eine einzige Katastrophe, die unablässig Trümmer auf Trümmer häuft und sie ihm vor die Füsse schleudert. Er möchte wohl verweilen, die Toten wecken und das Zerschlagene zusammenfügen. Aber ein Sturm weht vom Paradiese her, der sich in seinen Flügeln verfangen hat und so stark ist, dass der Engel sie nicht mehr schliessen kann. Dieser Sturm treibt ihn unaufhaltsam in die Zukunft, der er den Rücken kehrt, während der Trümmerhaufen vor ihm zum Himmel wächst. Das, was wir den Fortschritt nennen, ist dieser Sturm."

Benjamin ging es, so der Philosoph Stéphane Mosès, um eine radikale Kritik der historischen Vernunft, d.h. der Ideen der Kontinuität, der Kausalität und des Fortschritts, der optimistischen Geschichtsauffassung, die in der Geschichte einen stetigen Gang zur schliesslichen Vollendung der Menschheit sah. Diese abweichende Auffassung von geschichtlicher Zeit, die dem Glauben an eine auf das letztendliche Heil hinfortschreitende Geschichte gegenübersteht, übernimmt aus der jüdischen Theologie den Gedanken, dass die Geschichtszeit nicht irreversibel ist und das Hernach das Zuvor verändern kann. Es sei die Aufgabe des Eingedenkens, schreibt Benjamin, „zu retten, was gescheitert ist".

Die Struktur einer wirklich sozialen Marktwirtschaft und eines damit verbundenen Heimatgefühls, wie sie vor dem Ansturm der neoliberalen Globalisierer in den siebziger Jahren und auch noch, wenngleich bereits erheblich beschädigt, vor der Jahrtausendwende in Deutschland bestanden hatte, wäre immer noch mit Benjamins Eingedenken zu retten. Man muss dafür den Weg, den man aus der Vergangenheit angeblich nach vorne gegangen ist, wieder ein Stück zurückgehen. Dabei hilft vielleicht die Vorstellungswelt der meisten Menschen, die von den Globalisierern bisher gar nicht mitgenommen, sondern in der Zeit davor zurückgelassen wurden und die daher oft fälschlich glauben, noch in einer sozialen Marktwirtschaft zu leben.

Um einen gangbaren Weg zurück zu suchen und eventuell zu finden, braucht es einige Vorbereitungen. Erstens muss man sich bewusst machen, von welchen Kräften mit welchen Argumenten in unseren demokratischen Gesellschaften die Situation von heute herbeigeführt wurde, wie man also auf diesen Weg gekommen ist. Zweitens gehört eine ehrliche und umfassend vergleichende Bilanz des Gemeinwohls von heute und dessen von gestern, in Deutschland also zu den Hochzeiten der sozialen Marktwirtschaft, dazu. Drittens müssen die hohen Hürden analysiert werden, die sich, zumal in einer vernetzten Welt, schon vor einer teilweisen Rück- oder Umkehr aufbauen. Erst dann zeichnet sich je nach Ergebnis ein Weg zurück ab, oder eben auch nicht.

In diesem kleinen Buch ist eine solche Arbeit nur ansatzweise möglich. Statt perfekte Lösungen zu finden, geht es um

Denkanstösse. Selbst ein kleines Stückchen Weg zurück, wäre nur in einem längeren und schwierigen Prozess zu schaffen und besonders viel Optimismus in jedem Fall unberechtigt.

Der Weg zurück führt mitten hinein in den sich derzeit zuspitzenden Konflikt zwischen den „Nirgendwos", die nirgendwo und damit überall zu Hause sind, und den sehr viel zahlreicheren „Irgendwos", die noch irgendwo eine ursprüngliche lokale Fixierung haben, also den Globalisierungsaufsteigern und - absteigern. Der Soziologe Prof. Armin Nassehi hat von einem „Kulturkampf" gesprochen zwischen zwei Lagern in den Gesellschaften der fortgeschrittenen Industrieländern, nämlich zwischen einerseits einer sehr kosmopolitischen, moralisch allzu selbstbewussten und selbstgerechten, auch oft mit ökonomischer Potenz gedeckten Gruppe, die quasi mit links Begriffe wie Kultur, Volk, Nation dekonstruiere, aber auch veränderten Arbeitswelten offen gegenüber eingestellt sei, und andererseits den Verlierern, die nun erlebten, wie das, was noch vor einiger Zeit als Mittelschichtsnormalität galt, zumindest in Frage gestellt werden könne, nicht nur im Hinblick auf Migrationsfragen, sondern auch im Hinblick auf Familienformen, Geschlechterrollen, sexuelle Orientierungen, neue Arbeitsformen und professionelle Kompetenzen.

Die folgenden Ausführungen bauen teilweise auf meinen früheren beiden Büchern zur Sozialen Marktwirtschaft auf, werden aber erheblich ergänzt und auf jeden Fall umfangreich aktualisiert, um soweit möglich auf den Stand von 2016/17 und der heutigen Diskussion über Folgen und Rückzug aus der neoliberalen Globalisierung zu kommen.

Bangor, im Mai 2017

Kapitel 1: Kräfte und Argumente auf dem Irrweg

Man muss sich bewusst machen, von welchen Kräften mit welchen Argumenten in unseren demokratischen Gesellschaften die Situation von heute herbeigeführt wurde. Die neoliberale Form der Globalisierung ist ja nicht vom Himmel gefallen. Sie ist auch nicht unvermeidbar gewesen, wie uns Politiker aller Couleurs immer wieder weismachen wollten.

Gerade deutsche Politiker pflegten sich bei den harten sozialen Einschnitten hinter der Globalisierung, gegenüber der sie angeblich ohnmächtig waren, zu verstecken. Beispielsweise hatte Erhard Eppler davon gesprochen, dass sich die Gestaltungsmöglichkeiten für Politik durch die Globalisierung der Märkte dramatisch verringert hätten und Politiker gar nicht mehr das leisten könnten, was die Bürger von ihnen erwarten. Oder Gerhard Schröder: „Man darf ja nicht darüber hinwegsehen, dass die Globalisierung uns zu bestimmten Massnahmen zwingt." Oder der frühere Bundespräsident Köhler: „Die Welt ist in einem tief greifenden Umbruch. Wer hier den Zug verpasst, bleibt auf dem Bahnsteig stehen."

Die deutsche Politik als treibende Kraft

Tatsächlich aber waren gerade deutsche Politiker an dem Irrweg in die neoliberale Globalisierung massgeblich und in vorderster Linie beteiligt. Dafür sorgte schon der Druck der in Deutschland besonders gut aufgestellten Verbände von Handel und Industrie und insbesondere der deutschen Multis. Schon im September 1982 legte Bundeswirtschaftsminister Graf Lambsdorff sein „Konzept für eine Politik zur Überwindung der Wachstumsschwäche und zur Bekämpfung der Arbeitslosigkeit" vor, mit dem die sozial-liberale Koalition aufgelöst wurde und die schwarze Wende zu Helmut Kohl kam. Sein eigentlicher Autor im Ministerium war der Leiter der Grundsatzabteilung Tietmeyer, der - obgleich CDU-Mann - unter Helmut Schmidt Karriere bis in politische Beamtenpositionen hinein machen konnte und dann unter Kohl Staatssekretär und später Chef der Bundesbank wurde und bis 2012 Vorsitzender des Kuratoriums der neoliberalen „Initiative Neue Soziale Marktwirtschaft" war.

Das Lambsdorff-Papier sah u.a. eine „Verteidigung und Stärkung des offenen, multilateralen Welthandelssystems und aktives Vorgehen gegen protektionistische Bestrebungen" vor. Damit wurde die neoliberale Globalisierung auch in Deutschland endgültig eingeläutet. Vieles aus diesem Papier wurde später unter Kohl und Schröder mit dessen Agendapolitik umgesetzt.

Lambsdorff war Mitglied der „Trilateral Commission", einer der wichtigsten Motoren für eine globalisierte Welt. Sie war 1973 auf Initiative von David Rockefeller bei einer Bilderberg-Konferenz als private, politikberatende Denkfabrik gegründet worden und umfasst rund 400 höchst einflussreiche Mitgliedern aus den drei grossen internationalen Wirtschaftsblöcken Europa, Nordamerika und Japan sowie einige ausgesuchte Vertreter ausserhalb dieser Wirtschaftszonen. Auf diesem Weg verbindet die Trilaterale Kommission erfahrene politische Entscheidungsträger mit dem privaten Sektor.

Dabei wirkte sie als Verstärker des sogenannten „Washington Consensus", des ersten grossen und globalen wirtschaftspolitischen Schrittes westlicher Regierungen in eine neoliberal zu globalisierende Welt. Als eine Auflistung neoliberaler Prinzipien zur Förderung von wirtschaftlicher Stabilität und Wachstum wurde der Consensus in den achtziger Jahren unter den Gesellschaftern des Internationalen Währungsfonds und der Weltbank für die Anwendung bei Hilfen an Entwicklungsländer vereinbart. Er sollte also global gelten. Der Katalog sah zentral die Liberalisierung der Handelspolitik durch Abbau aller Beschränkungen sowie eine Liberalisierung der Finanzströme vor. Allgemein sollten alle Märkte total dereguliert werden. Einzelmassnahmen umfassten: Nachfragedrosselung und Kürzung der Staatsausgaben, Verbesserung der Effizienz der Ressourcennutzung in der gesamten Wirtschaft durch Rationalisierung und Kostenökonomie, Liberalisierung der Handelspolitik, Deregulierung von Märkten und Preisen einschliesslich der Abschaffung von Preissubventionen für Grundbedarfsartikel, Privatisierung öffentlicher Unternehmen und Einrichtungen, Entbürokratisierung und Abbau von Subventionen.

Mit dem Aufstieg der „Neuen Rechten" wurde dieser ursprünglich für Länder der „Dritten Welt" gedachte Katalog von Globalisierungsforderungen durch Reagan und Thatcher unverändert auf die USA und Grossbritannien übertragen und später ebenso zum Lehrbuch der politischen Eliten in den meisten anderen Ländern, auch unter Schröder in Deutschland. Hier wirkten und wirken zu diesem Zweck besondere Propaganda-Organisationen, wie die Initiative Neue Soziale Marktwirtschaft, eine 2000 vom Arbeitgeberverband Gesamtmetall gegründete und von Arbeitgeberverbänden getragene Denkfabrik und Lobbyorganisation. Die verfolgt das Ziel, durch Öffentlichkeitsarbeit ihre ordnungspolitischen Botschaften bei Entscheidern und in der Bevölkerung zu verankern. In der Bevölkerung soll auf diese Weise die Bereitschaft für weitere wirtschaftsliberale Reformen erhöht, ein unternehmensfreundliches Klima erzeugt und Eigenverantwortung, Wettbewerb und unternehmerische Freiheit als positive Werte betont werden. Auch gibt es mit dem gleichen Ziel zahlreiche und sehr gut finanzierte Stiftungen, wie die Bertelsmann Stiftung.

Der „Oberglobalisierer" Schröder und seine Reformen

Die Sozialreformen unter Schröder waren wichtige Teile dieser selbstverordneten neoliberalen und ziemlich künstlich mit der selbstgeschaffenen Globalisierung begründeten Wende. Dazu zählten die harten Hartz-Gesetze, einschliesslich der Sanktionen bis unter das Existenzniveau, ohne gleichzeitig wenigstens einen Mindestlohn einzuführen.

Seit nun fünf Jahren beträgt die Zahl der Hartz-4-Empfänger kaum verändert sechs Millionen, davon ein Drittel mit

Kindern. Die meisten Menschen in Deutschland können sich ohnehin nicht vorstellen, was es heisst, von Hartz-4 abhängig zu sein. Für Nahrung und alkoholfreie Getränke sind im Regelsatz pro Tag gerade einmal 4,70 Euro vorgesehen. Wer auf Hartz-4 angewiesen ist, muss alle Ersparnisse angegeben und sie vor dem Bezug erst bis auf einen kleinen Freibetrag vollständig „aufgegessen" haben. Jemandem, der ein wenig gespart hatte für Zahnersatz, für eine Kur oder für eine Unterstützung von Kindern und Enkelkindern, die in ständig befristeten Arbeitsverhältnissen stehen, wird dies alles genommen. Viele dieser Menschen brauchen psychiatrische Behandlungen, meist wegen Depressionen. So verzeichnete die AOK bei 40 % der bei ihr versicherten Hartz-4-Empfänger innerhalb eines Jahres eine psychiatrische Diagnose.

Deutschland hat heute in Westeuropa eine der kürzesten Zeiten für das normale Arbeitslosengeld und - von den Euro-Krisenländern abgesehen - einen der höchsten Anteile an besonders bedrückender Langzeitarbeitslosigkeit von mehr als einem Jahr. Der IG-Metaller Peter Hartz, Schöpfer der nach ihm benannten Gesetze, wurde später wegen Veruntreuung von 2,6 Mio. Euro verurteilt. Schröder und Hartz sind leider typisch für die Art von Sozialdemokraten, die unser soziales System weitgehend zugrunde gerichtet haben und von denen sich die SPD noch immer nicht getrennt hat.

Wie hart diese Reformen waren, zeigt beispielhaft die unter Schröders Regierung mit dem Sozialgesetzbuch (SGB) II eingeführte Gesetzgebung, die Sanktionen mit Kürzung selbst unter das Existenzminimum erlaubt. 2016 wurden so in Deutschland 135.000 Hartz-IV-Empfänger bestraft, darunter waren in jedem dritten Haushalt Kinder betroffen, durchschnittlich mehr als 44.000 Kinder. Für ein reiches Land ist es schwer vorstellbar, wie man gerade Kindern das Existenzminimum vorenthalten kann. Die durchschnittliche Leistungskürzung lag 2016 bei 19 %. Der Grossteil der Sanktionen von über drei Viertel wird wegen Meldeversäumnissen ausgesprochen, etwa wenn die Bezieher unentschuldigt einen Termin beim Jobcenter verstreichen lassen. Häufig kommt es auch zu Sanktionen, weil eine Arbeitsstelle oder ein Ausbildungsplatz nicht angetreten wurde.

Mit solchen Sanktionen kürzt das Jobcenter normalerweise bei einfachen Meldeverstössen die Auszahlung für einen Zeitraum von drei Monaten um 10 %, bei Pflichtverstössen wie dem Nichtantreten eines Jobs um 30 %. Verstösst ein Hartz-IV-Empfänger wiederholt gegen seine Pflichten, kann das Jobcenter die Auszahlungen erneut für drei Monate um 60 % und später sogar um 100 % kürzen. Bei unter 25-Jährigen ermöglicht das Gesetz eine noch härtere Gangart; ihnen kann die Auszahlung schneller komplett gestrichen werden. 2015 waren von einer solchen Totalkürzung 7.000 erwerbsfähige Leistungsberechtigte betroffen. Diese Praxis steht wahrscheinlich im Widerspruch zum Grundgesetz, nach dessen Artikel 1 die Würde des Menschen unantastbar ist und nach dessen Artikel 2 jeder Mensch in Deutschland das Recht auf Leben und körperliche Unversehrtheit hat. Vor allem ist nach Artikel 20 die Bundesrepublik Deutschland ein „sozialer" Bundesstaat. Zum Glück gibt es noch deutsche Richter. So sind nach Ansicht der 15. Kammer des Sozialgerichts in Gotha (Thüringen) die Sanktionen nicht vereinbar mit dem Grundgedanken, dass das Arbeitslosengeld II nur das Existenzminimum absichert: „Das vom Grundgesetz garantierte menschenwürdige Existenzminimum muss durch den Staat jederzeit gewährt werden", heisst es in einer Pressemitteilung des Gerichts. Das Gericht hat daher die Frage dem Bundesverfassungsgericht in Karlsruhe zur Prüfung vorlegt.

Unter dem Druck anderenfalls drohender Kürzungen ihrer Hartz-4-Bezüge nehmen viele ältere Arbeitslose sehr einfache Arbeiten an, für die sie oft weit überqualifiziert sind und aus denen sie nur sehr selten in eine Beschäftigung zurückkommen, die ihrer Qualifikation entspricht. Nicht überraschend ist der Anteil der in oder trotz Arbeit Armen („working poor") der Altersgruppe 55 bis 64 Jahre nirgends so hoch wie in Deutschland (und Italien) - ein Bild absoluter Schande!

Zu Schröders Reformen gehörte weiter die Erleichterung der Leiharbeit. In der Folge stieg die Zahl der so höchst unsicher und in der Regel niedrig Entlohnten von rund 300.000 zu Beginn des Jahrtausends auf rund eine Million heute. Die Leiharbeit wurde zu einem wichtigen Teil des fortan wuchernden deutschen Niedriglohnsektors. Mehr als jeder fünfte Beschäftigte in Deutschland arbeitet derzeit für einen Niedriglohn von weniger als zehn Euro in der Stunde. Im Jahr 2014 hatte Deutschland unter allen Ländern Westeuropas mit rund 23 % den höchsten Anteil der zu Niedriglöhnen Beschäftigten.

Ein besonders wichtiger Teil der Schröderschen Reformen war die Rentenreform mit der nach der Rentenformel vorgeplanten immer weiteren Absenkung der Eingangsrente. Diese Politik brachte Deutschland schon nach der OECD-Berechnung von 2015 gemessen am letzten Arbeitseinkommen die – von Grossbritannien, Irland und der Schweiz abgesehen - niedrigsten Renten in Westeuropa und bei Renten nach kleinem Arbeitseinkommen von der Hälfte des Durchschnitts die absolut niedrigsten. Für schon mehr als eine halbe Million Menschen über 65 Jahre waren die Renten Ende 2015 so klein und zum Leben nicht mehr ausreichend, dass sie zusätzlich Leistungen der Grundsicherung oder Sozialhilfe in Anspruch nehmen mussten. Ihre Zahl hatte sich gegenüber 2010 mehr als verdoppelt. Frauen sind davon besonders betroffen.

Auf der anderen Seite des sozialen Spektrums wurde dagegen der Spitzensteuersatz unter Schröder von 53 % auf nur noch 42 % abgesenkt und der Steuersatz auf Gewinne der Kapitalgesellschaften von 56 % auf nur noch 38,3 %. 2015 betrug der Anteil der Körperschaftssteuer an den gesamten deutschen Steuereinnahmen gerade noch etwas weniger als 5 %. Damit hat Deutschland unter 32 Vergleichsländern den drittniedrigsten Anteil.

Die Vermögenssteuer, die in Artikel 106 des Grundgesetzes grundsätzlich vorgesehen ist, war 1995 in der damals geltenden Form vom Bundesverfassungsgericht für nicht mit dem Gleichheitsgrundsatz vereinbar erklärt worden. Doch die drei Jahre später ins Amt gekommene Schröder-Regierung tat trotz des Drucks der Gewerkschaften nichts, um diese Steuer verfassungskonform zu reaktivieren, was praktisch einer Abschaffung gleichkam.

Noch eine weitere Reform unter Schröder wird Deutschland sehr lange und zunehmend belasten. Im Jahr 2000 wurde in Deutschland - anders als in vielen europäischen Ländern - leichtsinnig das sogenannte „ius soli" eingeführt, das seitdem (neben der Abstammung von Deutschen) den Kindern von Immigranten die Staatsbürgerschaft automatisch vermittelt, wenn die Eltern mindestens acht Jahre lang in Deutschland gelebt haben. Damit werden z.B. die von Türken in Deutschland geborenen Kinder bereits seit vielen Jahren in der Regel automatisch Deutsche, denn deren Eltern haben meist ausreichend lange in Deutschland gelebt. Im Ergebnis werden nun viel mehr Türken automatisch durch Geburt Deutsche als durch Einbürgerung (der dritte Weg, Deutscher zu werden). Dazu trägt auch die relativ hohe Kinderzahl türkischer Frauen bei. Während in der Regel die Geburtenzahl nach der Immigration sinkt, läuft dieser Prozess bei Türkinnen mit Migrationserfahrung deutlich langsamer. Ihre Geburtenjahrgänge 1965-1969 nach Abschluss des normalerweise gebärfähigen Alters kommen auf fast 2,5 Kinder pro Frau bei einem deutschen Durchschnitt von nur 1,5. Kinderlosigkeit ist unter diesen Frauen selten und etwa die Hälfte von ihnen haben mindestens drei Kinder. Dabei haben nur knapp 18 % der Frauen einen berufsqualifizierenden Bildungsabschluss.

Wer schon durch Geburt Deutscher geworden ist, kann auch nach Ablehnung jeder Integration und selbst nach schweren Verbrechen nicht mehr abgeschoben werden. Längst ist bekannt, dass sich die Nachfolgegenerationen von Türken noch schlechter bei uns integrieren als die ursprünglich Zugewanderten. Letztere hatten sich bewusst für ein Leben in Deutschland entschieden, während erstere ungefragt hier zur Welt gekommen sind. Die Wahlveranstaltungen für Erdogan und seine AKP in Deutschland zeigen auf besondere Weise, wie wenig gerade die Türken in Deutschland integriert sind, selbst wenn sie die deutsche Staatsbürgerschaft besitzen. Nach einer Studie des Instituts für Migrationsforschung und Interkulturelle Studien der Universität Osnabrück lebt die zweite Generation von Türken zu etwas mehr als der Hälfte in Wohnvierteln, die zu 50 % und mehr von Türken bewohnt werden. Dagegen leben nur 14 % der 2. Generation aus dem früheren Jugoslawien so konzentriert in ihrer eigenen ethnischen Gruppe. Ein Gefühl, Deutsche zu sein, ist nach Umfragen bei mehr als der Hälfte der Türken nicht vorhanden.

Diese Schrödersche Reform des Staatsangehörigkeitsrechts war ebenfalls ein Akt von Globalisierung ohne Rücksicht auf kulturelle und wirtschaftliche Folgen für Deutschland. Das gleiche gilt für die 2014 von der SPD gegen die CDU durchgesetzte Möglichkeit doppelter Staatsbürgerschaft für Nicht-EU-Bürger, vor allem Türken, die sich mit dem zusätzlichen türkischen Pass noch weniger als Deutsche fühlen dürften. Eine Einwanderungspolitik wie in den klassischen Einwanderungsländern, die eine Auswahl der Immigranten nach beruflicher Qualifizierung und anderen Kriterien ermöglicht hätte, wurde dagegen bis heute vermieden.

Ausgerechnet Gerhard Schröder rühmte sich wiederholt seiner eigenen schwierigen Jugend. Er kam aus einfachen Verhältnissen und wurde zusammen mit einer älteren Schwester und drei jüngeren Halbgeschwistern von einer Kriegerwitwe grossgezogen, die ihre Familie als Putzfrau über die Runden brachte. Mit Mutter, Grossmutter, Geschwistern und dem arbeitslosen und kranken Stiefvater lebte Schröder 1957 im Alter von dreizehn Jahren in einer Zweizimmerwohnung auf kaum mehr als dreissig Quadratmetern. Die Familie war auf Fürsorge angewiesen. Und aus diesem Menschen wurde später der Bundeskanzler und neoliberale Vormann, der die Wohlhabenden verwöhnte und die ärmeren Menschen in Deutschland schwer belastete, dabei Kinder im Hartz-4-Bereich sogar bis unter das Existenzminimum.

Das globale Aufreissen der Waren- und Arbeitsmärkte

Das vordringliche Ziel der neoliberalen Globalisierung war immer das rücksichtlose Aufreissen der Märkte – rücksichtlos, weil dabei auf die Sozial- und Arbeitnehmerschutzvorschriften der Internationalen Arbeitsorganisation keinerlei Rücksicht genommen wurde. So wurden die Zölle in immer neuen Zollsenkungsrunden des GATT und später der Welthandelsorganisation WTO immer weiter gesenkt. Von 1973 bis 1979 gab es zunächst die sogenannte Tokio-Runde, in der die Zölle für Industrieprodukte auf den neun wichtigsten Märkten um durchschnittlich ein Drittel auf durchschnittlich nur noch knapp 5 % gesenkt wurden. Dem folgte dann zwischen 1986 und 1994 die Uruguay Runde, die den gesamten Handel abdeckte und zum ersten Mal auch die Dienstleistungen, wie Finanzdienste der Banken, die Telekommunikation und medizinische Dienste sowie Patente einschloss. Sie wurde zur grössten Welthandelsrunde aller Zeiten. Der Streitschlichtungsmechanismus wurde modernisiert und auch die schwierigen Agrarhandelsprobleme wurden angegangen. Seitdem läuft, immer noch unvollendet, die sogenannte Doha-Runde. Angesichts der zuletzt sehr geringen Fortschritte in den grossen Verhandlungsrunden haben sich nun immer mehr Länder auf bilaterale Handelsabkommen zum weiteren Abbau von Handelsschranken verlegt.

Das Aufreissen der Warenmärkte zeitigte die erwarteten Folgen: Der Anteil des Weltexports an der Weltwirtschaftsleistung verdoppelte sich von 1990 bis 2015. Immer mehr der Weltwirtschaftsleistung wird also um den Globus herumgeschoben.

Zum Aufreissen der Waren- und Arbeitsmärkte gehörte auch die beschleunigte Erweiterung der EU nach Osteuropa, das damit nach einer nur kurzen Übergangsfrist in die volle Lohnkonkurrenz mit den Arbeitnehmern in Westeuropa gelassen wurde, obwohl in diesen Ländern Osteuropas Löhne und Sozialbedingungen wesentlich niedriger waren. Gerade die Bundesregierung hatte darauf gedrängt, denn die deutsche Industrie erwartete hier neue Absatzmärkte, aber auch einen „Hinterhof" für billige Produktionsbedingungen. Auch heute noch liegen die Stundenlöhne in der verarbeitenden Industrie bei nur 11 % der deutschen für Bulgarien bis 34 % für Tschechien. Mit einer Auslagerung von Zulieferungen kann die deutsche Industrie so enorme Standortvorteile im Wettbewerb auf den Weltmärkten erzielen.

Die deutsche Industrie hat die aufgerissenen Warenmärkte im Schutz des zu Hause wuchernden Niedriglohnsektors, schwacher Gewerkschaften und des künstlich abgesenkten Eurokurses besonders brutal ausgenützt und irrsinnige Leistungsbilanzüberschüsse aufgebaut, die praktisch Diebstahl von Arbeitsplätzen in den Defizitländern sind und jetzt zu Widerständen der USA und anderer Partner führen müssen.

China, Elefant im marktwirtschaftlichen Porzellanladen

Ende 2001 wurde das staatswirtschaftlich organisierte Riesenland China unter strikter Kontrolle der KPC in die für Marktwirtschaften ausgelegte WTO und ihr zunehmend neoliberalisiertes Handelssystem aufgenommen. Die exportgeilen Unternehmen, nicht zuletzt aus Deutschland, hatten darauf gedrängt. So hatte der Bundesverband der deutschen Industrie (BDI) in seiner Pressemitteilung vom Juli 2001 unter dem Titel „China gehört in die WTO" ausdrücklich eine „zügige Aufnahme der VR China in die WTO" gefordert.

Die miesen Sozialverhältnisse, wie extrem niedrige Löhne bei Fehlen von Streikrecht, unabhängigen Gewerkschaften und einem ausreichenden Sozialversicherungssystem, wurden damals bewusst nicht berücksichtigt und damit kein ausreichender Schutz gegen soziales Dumping in die Verträge eingebaut. So wurde China rasant zur „Werkbank der Welt" und übernahm dabei massiv Arbeitsplätze, entweder durch Billigimporte in die Industrieländer oder durch Verlagerung von

Industrieproduktion nach China. Unternehmen aus den Industrieländern organisierten selbst die Logistik von den Häfen in China bis zu den Verkaufsregalen in den hiesigen Supermärkten. Damit verdreifachte China seinen Anteil an der Weltindustrieproduktion zwischen 2000 und 2014 von 7 % auf 24 % und ebenso seinen Anteil am Weltexport von knapp 4 % auf mehr als 12 %.

Im Ergebnis ist heute kaum ein technisches Produkt ohne wenigstens chinesische Innereien, wenn es nicht ganz aus China kommt. Der seit Beginn des Jahrtausends akkumulierte chinesische Exportüberschuss stieg auf drei Billionen US$ oder weit mehr als die gesamte deutsche Wirtschaftsleistung eines Jahres. China bestreitet jetzt mehr als ein Fünftel des gesamten Imports der EU und 45 % bei Investitionsgütern (ohne Transport) sowie ein Drittel bei Maschinenbauerzeugnissen und langlebigen Konsumgütern. 2016 wurde das Land mit einem Anteil von fast 10 % wichtigster Lieferant unter den deutscher Handelspartnern. Deutschland hat sich immer wieder mit bisher neun Besuchen der Kanzlerin in China angedient.

Doch China beschränkt sich längst nicht mehr auf Ex- und Import. Das Land kauft über staatliche oder vom Staat kontrollierte Unternehmen massenhaft wertvolle Technologieunternehmen, nicht zuletzt aus Deutschland, auf und nützt dabei immer mehr die Freiheiten aus der neoliberalen Globalisierung aus. Im Jahr 2016 kaufte China in Europa 309 Unternehmen, fast die Hälfte mehr als im Vorjahr. Der Gesamtwert stieg auf 86 Mrd. US$. Deutschland verlor seinen zukunftsträchtigsten Produzenten für Industrieroboter, die Firma Kuka, an China.

Dazu kommen riesige Verkehrsinfrastrukturprojekte zur Ergänzung der Seidenroute, wie eine Hochgeschwindigkeitsbahnlinie von Budapest nach Belgrad und weiter nach Athen, wo China schon den Hafen Piräus gekauft hat, und die von zwei chinesischen Staatsunternehmen gebaut werden soll. So gelangen chinesische Waren noch schneller nach Europa als über den Seetransport. Schon jetzt gibt es einen regelmässigen Frachtbahntransport zum europäischen Kontinent und von da bis nach Grossbritannien.

Das globale Aufreissen der Finanzmärkte

Parallel dazu wurden nach Beendigung der Kapitalverkehrskontrollen nun auch noch die Finanzmärkte dereguliert und die Bankenaufsicht heruntergefahren. Das erlaubte später den in USA tätigen Banken, die miesen verbrieften Hypothekenpapiere und andere Verbriefungen („Mortgage Backed Securities") um den Globus herum zu vertreiben und damit die weltweite Finanzkrise von 2007 auszulösen, die schlimmste Krise seit den dreissiger Jahren des vorausgegangenen Jahrhunderts. In Währungen wird nun an jedem einzelnen Tag so viel spekuliert, wie die gesamte Weltwirtschaft in mehr als drei Wochen an Wirtschaftsleistung erzeugt, oder die deutsche in mehr als eineinhalb Jahren. Purer Wahnsinn!

In den USA kam es zu Beginn des Jahrtausends zu zwei folgenschweren Fehlentscheidungen, die die Finanzmärkte von den letzten Fesseln befreit und die spätere globale Finanzkrise in diesem Ausmass erst möglich gemacht haben. Im Herbst 2000 zeichnete Clinton das Gesetz, das den nach der Weltwirtschaftskrise der 30er Jahre erlassenen Glass-Steagall Act aufhob und damit erstmals wieder auch normalen Banken erlaubte, wie Investmentbanken in das spekulative Geschäft der Finanzmärkte zu gehen. In der Folge wurden vor allem City Bank und Bank of America die grössten Käufer von durch minderwertige Hypotheken besicherten Anleihen. Sie finanzierten diese langfristigen Anlagen mit kurzfristigen Krediten von den Geldmärkten, die sie mit den Einlagen ihrer Bankkunden besicherten. Die eigentlichen Investmentbanken hätten mangels Kundeneinlagen nie ein so grosses und gefährliches Rad drehen können.

Etwas gleichzeitig wurde der Commodity Futures Modernization Act beschlossen, der es fortan erlaubte, mit

Credit Default Swaps (CDS) auf das Schicksal von Forderungen zu spekulieren, auch wenn man selbst die Forderung gar nicht besass, wie wenn man mit einer Versicherung auf das Feuer an einem Haus spekuliert, das einem gar nicht gehört. Seitdem schoss diese Form von Spekulation in gigantische Höhen. Sie trieb später in der Krise den weltgrössten Versicherer „American Insurance Group" in die Pleite, die nur mit dem Steuerzahlergeld abgewehrt werden konnte.

Die Super-Globalisierungsbehörde: EU Kommission

Man darf unter den Kräften, die die neoliberale Globalisierung herbeigeführt haben, die EU-Kommission nicht vergessen. Sie ist eine enorme Globalisierungsmaschine, die nach innen für die 28 EU-Mitglieder ihre eigene globale Welt betreibt. Nach aussen ist sie für die Handelspolitik allein verantwortlich und vertritt damit die Interessen aller EU-Länder im Globalisierungsprozess. Insgesamt verfügt sie über nicht weniger als 33.000 Mitarbeiter. Dabei steht sie unter Druck einer riesigen Lobby von Verbänden und Großunternehmen. Das Lobby-Register der EU-Kommission zählt mehr als 9.000 Einträge. Hinter dieser großen Zahl verbergen sich starke Großverbände, wie beispielsweise der European Round Table of Industrialists (Europäischer Runder Tisch Industrieller). Er ist eine Lobbyorganisation von rund 50 Wirtschaftsführern großer europäischer multinationaler Unternehmen mit Sitz in Brüssel.

Der Euro als Paradeprojekt neoliberaler Globalisierer

Mit der Einführung des Euro gelang den neoliberalen Globalisierern ein besonderer Schlag, nationale Entscheidungskompetenzen über das Geld der Bürger auf Instanzen jenseits der Landeshoheit, wie auf die Europäische Zentralbank und die Europäische Kommission, zu verschieben und damit in weite Ferne von den Bürgern, über deren Schicksal sie nun entscheiden. Wie wir erlebt haben, hat selbst das Bundesverfassungsgerichts kaum noch rechtliche Möglichkeiten, bei der Geldpolitik die Bürger vor Eingriffen in deutsche Grundrechte zu bewahren.

Das Projekt wurde zunächst sehr oberflächlich verkauft: Menschen könnten nun im Euroraum reisen, ohne Wechselstuben zu benutzen. Dabei sollte der Euro so hart wie die gute alte DM sein. Auf ihren Wahlplakaten im Wahlkampf von 1999 beantworte die CDU die Frage „Was kostet uns der Euro?" vollmundig, Deutschland würde für keine Ausfälle aus dem Euro einstehen müssen. Die Überschuldung eines Euro-Teilnehmerstaats könne dank der Maastricht-Kriterien „von vornherein ausgeschlossen" werden. Ich selbst hörte bei einer Konferenz noch vor Einführung des Euro Hans Tietmeyer, damals Staatssekretär im Bundesfinanzministerium und einer der Väter des Euro, die angebliche wirtschaftspolitische Annäherung zwischen Frankreich und Deutschland preisen.

Tatsächlich wurde hier brutal Ländern mit ganz unterschiedlichen Wirtschaft- und Sozialkulturen ein Einheitssystem übergestülpt, eine Zwangsjacke, die Währungsanpassungen nicht mehr wie früher zuliess. Trotz der gerade in Deutschland starken Bedenken und Warnungen vieler Experten wurde das Projekt brutal und ohne Rücksicht auf die Volksmeinung technokratisch durchgezogen. Dass unter den in Deutschland von Eurobarometer schon 1995 Befragten 11 % mehr gegen als für die Einführung des Euros waren, durfte keine Rolle spielen. Schliesslich wurde die Eurozone sogar noch von ursprünglich 11 Ländern auf bisher 19 ausgedehnt und dabei selbst das stark überschuldete Griechenland aufgenommen, das seine Bücher unbeanstandet hatte fälschen können.

Die deutsche Industrie hatte sich noch vor Einführung des Euro die eigenen Karten gelegt. Sie konnte davon ausgehen, dass z. B. die französischen Gewerkschaften erheblich höhere Löhne erstreiten würden als die deutschen und dass die Inflationsrate in den meisten anderen Ländern höher sein würde als in Deutschland und dass in dieser Situation die deutsche Industrie ohne weitere Gefahren von Wechselkursänderungen exportieren und Überschüsse aufbauen konnte. So erklärte der seinerzeitige BDI-Chef Henkel sehr viel später in einem Buch die seinerzeitige Zustimmung des BDI zum Euro. Alle diese Erwartungen gingen exakt in Erfüllung.

Das konnte jedoch nicht gutgehen. Die volkswirtschaftlichen Daten passen in der Tat längst nicht mehr zusammen. Dabei entwickelt sich die EU zwischen ihren südlichen Mitgliedern und dem Rest immer weiter auseinander. Eine EU mit so grossen Unterschieden in Wirtschaftsleistung und Verschuldung der Länder, der Arbeitslosigkeit (bis zum 5-Fachen) und im Pro-Kopf-Export (bis zum 13-Fachen) und so grossen inneren Unterschieden der Mitgliedsländer zwischen Wohlstand und Armut ist längerfristig einfach nicht überlebensfähig.

Was ein Meisterstreich der Globalisierer sein sollte, wurde zum Zankapfel und vergiftet inzwischen die gesamte EU. Deutschland hat bereits erhebliche Finanzmittel in Rettungsfonds versenken müssen, um den Euro über Wasser zu halten. Seine Sparer leiden seit vielen Jahren unter real negativen Zinsen der Zentralbank. Überall in der Eurozone sinkt die Zustimmung zum Euro oder wachsen gar Parteien auf, die ihr Land aus dem Euro holen wollen. Nach Umfragen von Eurobarometer fiel zwischen 2002 und 2016 die Differenz zwischen Zustimmung und Ablehnung zum Euro bei den Befragten in Italien von plus 28 % auf minus 6 % und in Frankreich von plus 43 % auf nur noch plus 16 %. Nur in Deutschland ist sie umgekehrt von minus 12 % auf plus 38 % gestiegen, nachdem den Deutschen immer wieder eingeredet wurde, ihr relativer Wohlstand beruhe auf dem Euro und ohne Euro gäbe es keine EU.

Jetzt kommt nicht überraschend noch eine wiederauflebende, erhebliche Kapitalflucht nach Deutschland hinzu, vor allem aus Italien und Spanien, aber auch aus Portugal und Griechenland. So steigen die sogenannten Target2-Salden der Bundesbank, auf die die Euroländer unbegrenzt anschreiben können, seit 2014 wieder unaufhaltsam und liegen bereits bei über 800 Mrd. Euro. Das ist weit mehr als die gesamten Steuereinnahmen von Bund und Ländern in 2016. Sollte der Euro auseinanderbrechen würde Deutschland viel Geld verlieren, anderenfalls wäre es jedenfalls mit diesem Risiko stark erpressbar.

Deutschland hat sich im Euro-Gerangel besonders unbeliebt gemacht, weil der deutsche Finanzminister unbedingt deutsche Schuldenerlasse für das stark überschuldete Griechenland vermeiden will. Das ist Geld, das ohnehin nicht zurückkommt, aber mit Rücksicht auf die Bundestagswahlen nicht abgeschrieben werden darf. Aber durch die ständig verschärften Auflagen für neues Geld, das dann nur der Rückzahlung vorhandener Kredite dient, mischt sich vor allem Deutschland tief in die griechische Sozialpolitik ein, besonders immer wieder in die Höhe der Renten. Gleichzeitig dümpelt die griechische Wirtschaft zu 35 % unter dem Niveau von vor 10 Jahren. Man kann das als ein für Deutschland und den Euro ziemlich unwürdiges Spiel betrachten.

Auch dieser Versuch in neoliberaler Globalisierung ist also bisher gründlich in die Hose gegangen. Nach 15 Jahren Euro wird immer deutlicher, wie sehr diese Kunstwährung dem europäischen Zusammenhalt geschadet hat und weiter schadet und wie düster die Zukunft aussieht. Die Argumente der Globalisierer zum Euro haben sich jedenfalls als oberflächlich bis tief verlogen erwiesen.

Lenkungsgremien der globalisierten Welt

Wer den neoliberalen Umbau der Welt beurteilen will, muss die gewaltige Ansammlung an internationalen organisatorischen Vorkehrungen dahinter verstehen. Die meisten Menschen haben davon keine oder nur wenig Ahnung. Sie wissen erst recht nicht, welche Rolle ihre eigenen Regierungen dort gespielt haben und noch spielen. Viele können auch nicht die Abkürzungen für die meisten dieser Strukturen unterbringen. Ohne diese Strukturen, die noch zu den nationalen und neoliberal orientierten Mechanismen hinzukommen, wäre die neoliberale Globalisierung nicht durchsetzbar gewesen. Schon ohne die bedenken- und bedingungslose Aufnahme Chinas in die liberalisierten Märkte der Industrieländer, wozu es der WTO bedurfte, sähe die neoliberale Welt heute ganz anders aus. Der Autor dieser Zeilen hat als Insider an vielen Sitzungen der verschiedenen Organisationen, vor allem der WTO und OECD, teilgenommen und selbst in einer der internationalen Entwicklungsbanken gearbeitet.

Schon früh kam der Gedanke auf, dass sich die Wirtschaftsmächte der Welt und vor allem deren wichtigste untereinander abstimmen sollten, um die globalen Entwicklungen für ihre Interessen zu beeinflussen. Dazu brauchte es Lenkungsgremien und dauerhafte Institutionen, um den Prozess zu begleiten. Im Ergebnis entstand über die Jahre eine Fülle von Organisationen mit immer neuen Abkürzungen. Es sind diese Gremien und Organisationen, die sich dann auch an die Spitze des neoliberalen Umbaus der Welt setzten. Von den ältesten global eingerichteten Organisationen, nämlich Internationaler Währungsfond (IWF) und Weltbank und deren Verstrickung in die Neoliberalität war schon die Rede. Sie waren noch in der vorneoliberalen Zeit entstanden, wurden dann aber immer weiter ausgedehnt. So hat der 1945 aus 29 Mitgliedern entstandene IWF heute nicht weniger als 189. Die zu gleicher Zeit gegründete Weltbank verfügt heute über 173 Mitglieder. Daneben gibt es natürlich die Vereinten Nationen mit einer sehr grossen Zahl an Unterorganisationen.

Spezifischer für die Interessen der westlichen Welt wurde 1961 die Organisation für europäische wirtschaftliche Zusammenarbeit (OECD) mit Sitz in Paris eingerichtet. Mit 20 Mitgliedern gestartet, gehören ihr jetzt 35 Staaten an. Sie fühlen sich der Demokratie und Marktwirtschaft verpflichtet und zählen meistens zu den entwickelten Ländern mit hohem Pro-Kopf-Einkommen. Das ist die Organisation, die sich besonders nachdrücklich für immer mehr Globalisierung eingesetzt hat. So gehört laut Konvention zu ihren Zielen, „zu einer Ausweitung des Welthandels auf multilateraler Basis beizutragen". Dementsprechend setzt sich die OECD für den Abbau von Schranken bei den Arbeits- wie Produktmärkten und für mehr Wettbewerb ein.

Dabei versteht sich die OECD als Forum, in dem die Regierungen ihre Erfahrungen austauschen, die besten Erfahrungen identifizieren und Lösungen für gemeinsame Probleme erarbeiten. Global ist die OECD mit der Erarbeitung von Standards und Richtlinien und gelegentlich rechtlich verbindlichen Verträgen wirksam geworden. Einige OECD Standards sollen negativen Seiten der Globalisierung entgegentreten, wie die OECD-Konvention gegen Bestechung ausländischer Amtsträger sowie Standards zur Verhinderung von Geldwäsche und Steuerflucht oder die OECD-Leitsätze für multinationale Unternehmen als Standards für Direktinvestitionen.

Alle eineinhalb Jahre werden für jedes OECD-Land umfassende Wirtschaftsberichte mit konkreten wirtschaftspolitischen Empfehlungen erarbeitet, die den Konsens der Mitgliedstaaten widerspiegeln. Nicht überraschend werden diese Länderberichte von den Gewerkschaften der betreffenden Länder regelmässig zurückgewiesen, insbesondere bei der Arbeitsmarktpolitik, weil sie zu unspezifisch nicht die besonderen, historisch gewachsenen Gegebenheiten berücksichtigten und politisch einseitig von einem neoliberalen Bewertungsschema ausgehen. Neuerdings beschäftigt sich die OECD mit der Zunahme von Armut und Ungleichheit bei Einkommen und Vermögen in ihren Mitgliedstaaten. Sie tut das, weil sie den wachsenden Widerstand der von der neoliberalen Globalisierung negativ Betroffenen nicht mehr übersehen kann und sich um die Zukunft der Globalisierung sorgt.

Für ihre Aufgaben verfügt die OECD über ein umfangreiches Sekretariat mit rund 2.500 Mitarbeitern und etwa 1.600 Experten, zumeist Ökonomen, Juristen, Natur- oder Sozialwissenschaftler. Die Facharbeit findet in den rund 200 Ausschüssen und Arbeitsgruppen statt. Delegierte aus den Ministerien und Behörden der Mitgliedstaaten tauschen sich hier aus, diskutieren die Arbeit des Sekretariats oder liefern eigene Beträge. An solchen OECD-Arbeitstreffen nehmen jährlich etwa 40.000 Vertreter aus nationalen Verwaltungen teil. Insgesamt ist das also ein riesiger Apparat für eine immer neoliberaler globalisierte Welt.

Noch wichtiger für die neoliberale Entwicklung ist das 1948 abgeschlossene Allgemeine Zoll- und Handelsabkommen (GATT) und als dessen Nachfolger die mit Sitz in Genf 1994 gegründete Welthandelsorganisation (WTO) geworden. Von den Arbeiten der WTO für die Liberalisierung des Verkehrs mit Waren und Dienstleistungen, wobei auch Finanzdienste der Banken, die Telekommunikation und medizinische Dienste sowie Patente und Urheberrechte erfasst werden, war schon die Rede. Wirtschaftspolitisch verfolgt die WTO eine liberale Aussenhandelspolitik, die mit Deregulierung und Privatisierung einhergeht. Die WTO hat derzeit 164 Mitglieder, die mit 90 % fast den gesamten Welthandel bestreiten. Das höchste Organ der WTO ist die Ministerkonferenz der Wirtschafts- und Handelsminister, die mindestens alle zwei Jahre tagt. Zur WTO gehört ein Sekretariat mit Beratungsfunktion und derzeit 630 regulären Mitarbeitern.

Neben der Weltbank gibt es fast für jeden Kontinent eine regionale Entwicklungsbank. Bis heute werden die Weltbank, die Interamerikanische und die Asiatische Entwicklungsbank dank ihrer auf dem Beteiligungskapital basierten Stimmenmehrheit von den traditionellen Industriestaaten beherrscht. Die haben damit besondere Instrumente, um ihre neoliberalen Vorstellungen von Marktwirtschaft über den Kredithebel durchzusetzen. Ausserdem profitieren oft Multinationale Konzerne von ihren Krediten, während in der Bevölkerung immer noch die Armut steigt oder jedenfalls nicht so sinkt, wie das vorgegeben wird. Besonders deutlich ist dies im gesamten Rohstoffsektor, wo internationale Öl- und Bergbaukonzerne wie BP, Shell, Exxon und Newmont zu den besten Kunden der Entwicklungsbanken gehören. Auch im Wassersektor forcieren die Entwicklungsbanken die Privatisierung der Versorgung und wollen auch weiter Staudämme bauen, obwohl sie gerade dafür immer wieder massiv kritisiert werden. Von der Umsetzung des „Washington Consensus" als Bibel und Gesangbuch der Neoliberalen durch Weltbank und Entwicklungsbanken war schon die Rede.

Die grössten Wirtschaftsmächte unter sich

Je grösser die normalen Organisationen der globalen Welt geworden sind, umso mehr waren die grössten Wirtschaftsmächte der Welt dran interessiert, in vertrauterer Runde und auf den höchsten Ebenen der Regierungen ihre eigenen Lenkungsgremien zu schaffen. Besonders bekannt geworden ist die mit „G7" bezeichnete Gruppe. Sie wurde 1975 mit den Mitgliedern USA, Deutschland, Frankreich, Italien, Japan, Kanada und Grossbritannien etabliert und 1998 durch die Aufnahme Russlands zur G8 erweitert. Allerdings schlossen die anderen Mitglieder 2014 Russland aufgrund der Annexion der Krim aus und kehrten zum Format der G7 zurück. Die Europäische Kommission hat nur einen Beobachterstatus. Die Bevölkerungen der G7-Staaten erwirtschaften mit einem Anteil von ca. 10,5 % an der Weltbevölkerung 44 % des weltweiten Bruttonationaleinkommens.

Zur Vorbereitung der jährlichen Gipfel werden Ministertreffen abgehalten, an denen auch ausgewählte internationale Experten teilnehmen. Die G7 gilt nicht als internationale Organisation, sondern als internationales Netzwerk, welches zwar auch auf Normen und Regeln beruht, allerdings keine inhaltlichen oder substanziellen Vorschriften besitzt. Ihre Treffen sind informell, um in „entspannter Runde" globale Themen und Probleme zu beraten. Den Vorsitz übernimmt jeweils ein Land für die Dauer eines Jahres. Auf dem jährlichen Weltwirtschaftsgipfel treffen sich die Staats- und Regierungschefs der G7-Staaten und anderer Staaten. Kurz zuvor kommen die Aussenminister der Staaten zusammen und erörtern speziell aussenpolitische Themen. Daneben gibt es im Rahmen des G7-Prozesses ständige Konsultationen unter den Vollmitgliedern. So ist aus den jährlichen Treffen in kleiner Runde inzwischen eine permanente Kooperation auf der Ebene von Ministern und hohen Regierungsbeamten geworden. Sie bereiten die jährlichen Gipfel vor, stimmen nationale Positionen ab und sorgen bereits im Vorfeld der Gipfel teilweise für eine Klärung unterschiedlicher Positionen. Zu diesem Zweck entsendet jedes Land hohe Regierungsbeamte als sogenannte „Sherpas" und „Sous-Sherpas".

Die Arbeit der G7 begann also 1975 mit Kamingesprächen und wurde dann immer formeller, musste aber nun immer stärker gegen öffentliche Proteste von Globalisierungsgegnern geschützt werden.

Neben den G7 gibt es seit 1999 die „G20" als eine Gruppierung der zwanzig wichtigsten Industrie- und Schwellenländer. Sie soll als Forum für die Kooperation und Konsultation in Fragen des internationalen Finanzsystems dienen. An den Treffen nehmen die Staats- und Regierungschefs, die Finanzminister und Zentralbankchefs sowie die EU-Präsidentschaft, der Präsident der Europäischen Zentralbank, der Geschäftsführende Direktor des Internationalen Währungsfonds, der Vorsitzende des Internationalen Währungs- und Finanzausschusses, der Präsident der Weltbank und der Vorsitzende des Development Committees der OECD teil. Schwerpunktthemen der deutschen Präsidentschaft in 2017 mit dem Gipfel in Hamburg sollen der aufkommende Protektionismus, die Entwicklung Afrikas und die Gesundheitspolitik sein.

„Davos Man"

Zu einem ganz besonderen Sprachrohr für die Kräfte hinter der neoliberalen Globalisierung wurden die von Klaus Schwab, Wirtschaftsprofessor an der Universität von Genf, schon 1971 begründeten und später in „World Economic Forum" umbenannten Veranstaltungen. In Davos trafen sich nun auf seine Einladung jedes Jahr unter dem eigentlich recht anmassenden Slogan „Verpflichtet, das Schicksal der Welt zu verbessern" Spitzenvertreter aus Wirtschaft, Politik und Akademia und andere Plutokraten, um sich zu den globalen Entwicklungen auszutauschen und dabei globale, regionale und industrielle Vorhaben auszudenken. Diese Treffen waren so prägend und symptomatisch, dass die Teilnehmer nach dem Veranstaltungsort „Davos Man" genannt wurden. Der Politikwissenschaftler Huntington, der den Begriff erfunden haben soll, bezog ihn auf eine kleine, meist superreiche Welt-Elite mit wenig Bedarf an nationaler Loyalität, einer Betrachtung nationaler Grenzen als zu beseitigender Hindernisse und der Einschätzung nationaler Regierungen als Überbleibsel aus der Vergangenheit, deren einzige nützliche Funktion die Erleichterung der globalen Operationen der Eliten sei.

Die Davos-Teilnehmer bestätigten in ihren fünftägigen Davos-Treffen regelmässig ihre Hingebung zu einer einzigen globalen Wirtschaft und den unterstützenden kapitalistischen Werten sowie ihr gemeinsames Verständnis, wie die Welt funktioniert. Dies galt umso mehr ab der neunziger Jahre mit dem eingetretenen Ende der Spaltung in eine kommunistische und eine kapitalistische Welt. Nun konnten sie alle nach Davos kommen, selbst aus Russland und China, und alle akzeptierten die Idee, dass die Globalisierung eine gute Sache ist, die ihrer Nation und der Welt insgesamt nützt. Hier kamen, wie der FT-Kommentator Rachman 2011 schrieb, jedes Jahr die Eliten zusammen, um die Globalisierung zu feiern, zu diskutieren und zu befördern.

Fukuyama: „The End of History and the Last Man"

Schon 1992 hatte der Politikwissenschaftler Francis Fukuyama das Buch „The End of History and the Last Man" geschrieben. Er argumentierte darin, dass sich nach dem Zusammenbruch der UdSSR und der von ihr abhängigen sozialistischen Staaten bald die Prinzipien des Liberalismus in Form von Demokratie und Marktwirtschaft endgültig und überall durchsetzen würden. Die Demokratie habe sich deshalb als Ordnungsmodell durchgesetzt, weil sie das menschliche Bedürfnis nach sozialer Anerkennung relativ gesehen besser befriedige als alle anderen Systeme. Mit dem Sieg dieses Modells ende der Kampf um Anerkennung und es entfalle das Antriebsmoment der Geschichte. Dabei verschwieg er aber nicht die Unzulänglichkeiten des liberaldemokratischen Modells, wie soziale Ungleichheit. Wenn es noch solche Defizite gäbe, dann seien es jedoch solche der mangelnden Umsetzung, aber nicht des Prinzips selbst.

In seinen Worten: „Was wir erleben, in nicht nur das Ende des Kalten Krieges oder das Verstreichen einer besonderen Periode der Nachkriegsgeschichte, sondern das Ende der Geschichte als solches: Das ist der Schlusspunkt der ideologischen Entwicklung des Menschen und die universale Installierung der westlichen liberalen Demokratie als endgültiger Form humaner Regierung. ... Das Problem der Klassen ist im Westen tatsächlich erfolgreich gelöst worden. ... Der Gleichheitsgedanke des modernen Amerika repräsentiert die essentielle Erreichung der von Marx angedachten klassenlosen Gesellschaft."

Fukuyama wurde ein gefeierter Star der politischen Wissenschaften und als „Hofphilosoph des globalen Kapitalismus" (John Gray) bezeichnet. Doch die andauernde Auseinandersetzung mit dem extremen Islam und nun der globale Widerstand gegen die neoliberale Globalisierung machen seine Aussagen und diesen Ruhm höchst zweifelhaft. Immerhin verdient er Erwähnung, wenn die Kräfte hinter der neoliberalen Globalisierung angesprochen werden.

* * * * *

Soviel zu den wichtigsten Taten und Kräften hinter der neoliberalen Globalisierung, die Ende der siebziger Jahre durchstarteten und dann um das Jahr 2000 voll loslegten.

Kapitel 2: Die Bilanz

Für den Zeitraum vom Beginn der siebziger Jahre bis heute liegt für Deutschland und die globale Welt umfangreiches und ausreichend verlässliches Datenmaterial zur wirtschaftlichen und sozialen Situation vor. Es kommt in der Regel aus amtlichen Quellen. Natürlich lässt sich darüber streiten, welche Daten nun für unseren Zweck des vergleichenden Erinnerns und Bilanzierens wichtig und welche eher zu vernachlässigen sind. Einige der Daten zeigen stark negative Entwicklungen auf, andere auch positive. Am Ende muss jeder selbst entscheiden, in welcher Welt er sich besser aufgehoben fühlen würde, ob also eine Umkehr zu einem früheren Zustand für ihn überhaupt interessant wäre. Dies ist keine Suche nach den goldenen alten Zeiten sondern eine datengestützte über einen noch gar nicht so lange zurückliegenden Zeitraum und damit umso seriöser.

Viele der Daten von damals sind heute nicht mehr im Bewusstsein der Zeitgenossen, zumal die Jüngeren sie meist gar nicht mehr mit wachem politischen Bewusstsein erlebt haben. Ausserdem werden sie ständig von Meldungen der Regierung und der Medien verdrängt, Deutschland sei auch heute unverändert eine ziemlich perfekte soziale Marktwirtschaft und alles werde ständig immer besser als früher.

Das Gedankengerüst

Also schauen wir uns mal in den siebziger Jahren um und vergleichen sie mit den heutigen Zeiten seit der Jahrtausendwende, nachdem die neoliberale Globalisierung volle Fahrt aufgenommen hatte. Die siebziger waren wahrscheinlich die letzten Jahre, als Deutschland noch eine soziale Marktwirtschaft hatte, die den Namen voll verdiente. Jenes deutsche Modell mit einem hohen Mass an sozialem Frieden wurde als „dritter Weg" von vielen unserer westlichen Nachbarn bewundert. Es war aus den Ruinen des Zweiten Weltkriegs entstanden. Der ursprüngliche Kopf in seiner Entwicklung war Alfred Müller-Armack. Der führte in seinem 1947 erschienenen Buch „Wirtschaftslenkung und Marktwirtschaft" den Begriff der „Sozialen Marktwirtschaft" ein. Damit sollten die Prinzipien der Freiheit auf dem Markte einerseits und des sozialen Ausgleichs andererseits verbunden werden. Für die Wirtschaftsordnung des vom Krieg zerstörten Deutschlands sollte der Markt als „tragendes Gerüst" in „eine bewusst gesteuerte, und zwar sozial gesteuerte Marktwirtschaft" eingebettet sein.

Ludwig Erhard übernahm das Konzept und beschäftigte sich mit dessen praktischer Umsetzung. Ihm schwebte als Endzustand eine Art Volkskapitalismus vor, der aber nie zustande kam. Er wird dazu mit den Worten zitiert: „Wenn schon mit der Entfaltung der modernen Technik eine Konzentration der Produktionsmittel unvermeidlich ist, dann muss diesem Prozess ein bewusster und aktiver Wille zu einem breitgestreuten, aber echten Miteigentum an jenem volkswirtschaftlichen Produktivkapital entgegengesetzt werden."

Man brauchte nun zum Wiederaufbau den Lohnverzicht der Arbeitnehmer, damit das Investitionskapital angesammelt werden konnte, das neben dem Marshall-Plan notwendig war. So hat auch die CDU im Ahlener Programm vom Februar 1947 unter Hinweis auf den Zusammenbruch Deutschlands eine grundlegende soziale und wirtschaftliche Neuordnung angestrebt. In der Erklärung heisst es dementsprechend: „Das kapitalistische Wirtschaftssystem ist den staatlichen und sozialen Lebensinteressen des deutschen Volkes nicht gerecht geworden. Nach dem furchtbaren politischen, wirtschaftlichen und sozialen Zusammenbruch als Folge einer verbrecherischen Machtpolitik kann nur eine Neuordnung von Grund aus erfolgen. Inhalt und Ziel dieser sozialen und wirtschaftlichen Neuordnung kann nicht mehr das kapitalistische Gewinn- und Machtstreben, sondern nur das Wohlergehen unseres Volkes sein. Durch eine gemeinwirtschaftliche Ordnung soll das deutsche Volk eine Wirtschafts- und Sozialverfassung erhalten, die dem Recht und der Würde des Menschen entspricht, dem geistigen und materiellen Aufbau unseres Volkes dient und den inneren und äusseren Frieden sichert."

Die SPD, die zunächst den Begriff vermieden und den Konkurrenzbegriff des „demokratischen Sozialismus" propagiert hatte, übernahm dann mit dem Godesberger Programm von 1959 zunehmend Elemente einer sozialen Marktwirtschaft.

Wesentliche tragende Bausteine der sozialen Marktwirtschaft waren die Rolle der Gewerkschaften mit Tarifbindung der Unternehmen und Mitbestimmung in den Aufsichtsräten, ein solides System von Sozialrenten ohne Angst vor Altersarmut und ein Steuersystem mit einem relativ hohen Spitzensteuersatz von 56 %, von dem auch noch die Kapitaleinkünfte erfasst wurden, und ebenso relativ hohe Unternehmenssteuern von knapp 57 %. Zudem wurde nach Aussen bis 1961 der Kapitalverkehr kontrolliert und wurden die Banken noch in den siebziger Jahren strikt reguliert, so dass die Steuerflucht stark erschwert war. Durch anhaltende Beteiligung der Arbeitnehmer am Produktivitätszuwachs war sichergestellt, dass es den Kindern besser als ihren Eltern gehen würde. Zudem wurde mit einer Welle von Schulreformen das Bildungssystem gestärkt und Kindern aus Arbeiterhaushalten der Zugang ermöglicht. Auch das schaffte für viele Menschen Aufstiegsmöglichkeiten und damit eine Menge Optimismus.

Entwicklung von Einkommen und Vermögen

Bis heute ist vieles anders geworden, als es angedacht und dann ins Werk gesetzt worden war. Ein grosser Teil der Unternehmen ist aus der Tarifbildung ausgeschieden, die damit nur noch für 32 % der Unternehmen in Westdeutschland und 20 % in Ostdeutschland gilt.

Unter dem Druck der sich immer weiter verstärkenden Globalisierung entbrannte eine Standortkonkurrenz, bei der sich die Unternehmen die für sie kostengünstigsten Plätze für Investitionen, Produktion und Zulieferung von Vorprodukten aussuchen können, und das sind in der Regel die mit den miesesten Sozialverhältnissen, oft wie in China ohne unabhängige Gewerkschaften und ohne Streikrecht. Ausserdem wurde durch die Ost-Erweiterung der EU eine massenhafte Immigration billiger Arbeitskräfte in die EU ermöglicht. Ferner wurde, wie beschrieben, durch die drakonischen Hartz-Gesetze mit der Streichung des Arbeitslosengeldes nach nur einem Jahr Arbeitslosigkeit und durch die Erleichterung der Leiharbeit in Deutschland ein wuchernder Niedriglohnsektor aufgebaut. Im Ergebnis stagnierten die Löhne nach Abzug der Preissteigerung ein ganzes Jahrzehnt lang, während die Unternehmens- und Vermögenseinkommen immer weiter stiegen.

Tatsächlich war in den siebziger Jahren das Arbeitnehmerentgelt jahresdurchschnittlich noch nominal um 3,3 Prozentpunkte stärker als die Unternehmens- und Vermögenseinkommen gestiegen. Doch das drehte sich nun seit dem Jahr 2000 gewaltig um, denn seitdem bis 2016 nahm das Arbeitnehmerentgelt nun jedes Jahr um durchschnittlich 1,9 Prozentpunkte weniger als die Unternehmens- und Vermögenseinkommen zu. Das ergibt über den gesamten Zeitraum eine Differenz von 30 %. Da konnten also die Arbeitnehmer in den siebziger Jahren Rückstand gutmachen, während sie seit der Jahrtausendwende immer weiter zurückgefallen sind. Neuerdings steigen zwar die Real-Löhne wieder etwas stärker, doch das ist weniger der Grosszügigkeit der Arbeitnehmer gedankt, als der seit wenigen Jahren extrem niedrigen Teuerungsrate, die erst jetzt in 2017 wieder zunimmt.

Die Globalisierung hat die deutsche Sozialstruktur weit auseinander gerissen. Am oberen Ende wird immer mehr des nationalen Einkommens konzentriert. Lag der Anteil der obersten 10 % am der deutschen Steuer gemeldeten Einkommen in den siebziger Jahren noch um 31 %, so waren es zwischen 2001 und 2011 schon jahresdurchschnittlich 38 % (neuere Daten gibt es derzeit nicht). Das ist übrigens ein ähnlich grosser Anteil wie vor fast hundert Jahren am Ende des Ersten Weltkriegs. Deutschland nähert sich in dieser Hinsicht wieder dem Feudalismus. Der deutsche Aktienindex, der bis

1990 nur um 7 % pro Jahr gestiegen ist, hat seitdem um fast 28 % pro Jahr zugelegt - auch das ein markanter Unterschied.

Inzwischen räumt selbst die Bundesregierung im neuesten Armuts- und Reichtumsbericht die beschämend skandalöse soziale Entwicklung ein, wobei sie so tut, als hätte sie dafür keinerlei Verantwortung gehabt, weder durch die Senkung der Steuern für die Reichen, noch mit ihren Gesetzen und ihrer Handelspolitik als Grundlage für den wuchernden Niedriglohnsektor, noch mit der massiven und systematischen Sozialisierung von Verlusten aus der Kreditkrise.

So erklärte Arbeitsministerin Nahles bei der Vorlage des Berichts, die unteren 40 % der Beschäftigten hätten gemessen am Bruttostundenlohn 2015 real weniger verdient als Mitte der Neunzigerjahre. Tatsächlich sind es zwischen 7 % weniger für das einkommensärmste Zehntel bis 4 % weniger für das viertletzte. Nimmt man die untersten sechs Zehntel zusammen, so haben sie über 3 % verloren, während der obere Rest um 9 % dazugewonnen hat.

Es gebe zudem, so Nahles, eine verfestigte Ungleichheit bei den Vermögen. Dazu sagt der Bericht, die reichsten zehn Prozent der Haushalte besäßen mehr als die Hälfte des gesamten Nettovermögens, während die unteren 50 Prozent der Haushalte nur auf ein Prozent des Gesamtvermögens kämen. Deutschlands Superreiche haben sich, so der Bericht, in den meisten Fällen nicht an die Spitze der Einkommenspyramide hochgearbeitet, sondern vor allem von ihrer Verwandtschaft profitiert, denn Erbschaften und Schenkungen seien bei zwei Dritteln der Hochvermögenden ein relevanter Grund für ihren Vermögensreichtum. Dabei geht heute wahrscheinlich viel mehr an der Steuer vorbei, als das noch in den siebziger Jahren möglich war.

Auch gelinge der gesellschaftliche Aufstieg immer seltener: „Vor allem den um das Jahr 1960 Geborenen war es häufiger gelungen, einen niedrigen beruflichen oder Bildungsstatus der Elterngeneration zu überwinden und einen Aufstieg mindestens in den mittleren Status zu erreichen. Im Gegensatz dazu ist die Wahrscheinlichkeit, einen solchen sozialen Aufstieg zu erreichen, für die jüngste untersuchte Kohorte der zwischen 1970 und 1986 Geborenen nur noch etwa halb so hoch." Dazu kommen noch die negativen Auswirkungen von Armut auf unsere Demokratie. In den 80er-Jahren, so Nahles, hätten sich gleichmäßig durch alle Einkommensschichten rund acht bis zehn Prozent der Wahl enthalten. Heute enthielten sich bei den Gutverdienern immer noch sieben bis acht Prozent der Stimme, am unteren Ende der Einkommensskala seien es jedoch bis zu 40 %.

Die Renten und die Armut

Die Sozialrenten sind alles andere als sicher, wobei der Eingangssatz immer weiter abgesenkt wurde von 55 % des durchschnittlichen Jahresarbeitsentgelts auf nur noch 48 % und nach der Rentenformel bis 2025 noch auf 42 % absinken soll. Durch lange Zeiten stagnierender Löhne, von Arbeitslosigkeit und Niedriglohnbeschäftigung sichern viele Renten nicht mehr ein Mindestexistenzniveau.

Der endlich mit grosser Verzögerung auch in Deutschland eingeführte Mindestlohn ändert daran nur wenig. Er ist zu niedrig angesetzt, auch im Vergleich zu anderen westeuropäischen Partnern. Wer zum bis 2016 geltenden Mindestlohn von 8,50 Euro arbeitete, musste im deutschen Rentensystem über 60 Jahre lang Vollzeit arbeiten, um auch nur auf ein Rentenniveau in Höhe der gesetzlichen Grundsicherung zu kommen und lebte damit auf dem gleichen Niveau wie die Sozialhilfen. Die Anhebung auf 8,84 Euro pro Stunde ab 2017 ändert daran wenig und belässt Deutschland beim Mindestlohn auf dem siebten Platz unter 10 westeuropäischen Ländern. Damit herrscht verbreitet Angst vor Altersarmut. Selbst der untere Teil der Mittelschicht fürchtet sich vor dem Abstieg.

Tatsächlich sammelt sich am unteren Ende der sozialen Pyramide Armut an. So bezogen 1970 erst 1,2 % der bundesdeutschen Bevölkerung Sozialhilfe. Doch im Januar 2017 lag der Anteil der erwerbsfähigen und nicht erwerbsfähigen Leistungsberechtigten bereits bei 11,1 %.

Die anderen gesamtwirtschaftlichen Daten

Die unterschiedliche Einkommensentwicklung mit dem Ausbremsen der Masseneinkommen spiegelt sich im Konsum der privaten Haushalte wider. Der stieg in den siebziger Jahren real noch jahresdurchschnittlich um 3,6 %. Seit dem Jahr 2000 sind es nur noch 0,8 %. Dafür wurde nun immer mehr unserer volkswirtschaftlichen Leistung nach draussen getragen. Lag der sogenannte Aussenbeitrag in den siebziger Jahren noch bei 2,3 % der deutschen Wirtschaftsleistung, so sind es seit dem Jahr 2000 im Jahresdurchschnitt 5,2 % geworden, und zwar mit ständigem Anstieg bis zu fast 8 % im Jahre 2016. Das war der höchste Anteil unter allen grösseren Volkswirtschaften und noch weit vor China. Eine weitere Folge war die immer geringere Entwicklung der Ausrüstungsinvestitionen der Industrie in Deutschland von noch einem Plus von 2,2 % in den siebziger Jahren zu nur noch mickrigen 1,2 % seit dem Jahr 2000. Nun sollte man vermuten, dass dank des hohen Aussenbeitrags wenigstens die Arbeitslosenquote gegenüber den siebziger Jahren gesenkt werden konnte, weil ja praktisch Arbeitsplätze von unseren Handelspartnern nach Deutschland geholt wurden. Doch auch hier ist das Gegenteil eingetreten. Die Arbeitslosenquote lag in den siebziger Jahren im Jahresdurchschnitt nur bei 2,5 %. Seit dem Jahr 2000 beträgt der Jahresdurchschnitt dagegen 8,9 %, auch wenn ein Rückgang auf 6,1 % im Jahre 2016 zu verzeichnen ist.
Fasst man nun die gesamte Wirtschaftsentwicklung ins Auge, so erreichte Deutschland (West) in den siebziger Jahren noch einen stattlichen jährlichen Zuwachs von 3,1 %. Der fiel seit dem Jahr 2000 auf durchschnittlich 1,2 %. Bei anständigen Steuereinnahmen waren die öffentlichen Haushalte in der Regel ausgeglichen und lag die Staatsverschuldung 1970 noch bei lächerlich geringen 18 % der deutschen Wirtschaftsleistung, während es jetzt 68 % sind. Deutlicher könnte der

Unterschied in den verschiedenen Wirtschaftsdaten der beiden Vergleichszeiträume kaum ausfallen. Graphische Darstellungen, die die unterschiedlicem Entwicklungen gegenüberstellen, befinden sich auf den nächsten Seiten. 2016 war ein relativ gutes Jahr und sieht doch in diesem Vergleich nicht besonders gut aus.

Die ökonomische Bremsspur wachsender Ungleichheit

Erst jetzt beginnt die Wirtschaftswissenschaft zu begreifen, wie sich die seit den neunziger Jahren weiter zunehmende Ungleichheit der Einkommensverhältnisse bremsend auf das Wirtschaftswachstum auswirkt und damit die vergleichende Bilanz zwischen heute und gestern beeinflusst. Selbst die OECD, die Denkfabrik der Industriestaaten, kam in einer Rechnung schon 2015 zum Ergebnis, dass die zunehmende Ungleichheit die entwickelten Volkswirtschaften zwischen 1990 und 2010 fast fünf Prozentpunkte Wachstum gekostet hätte. Für Deutschland ergab eine entsprechende Rechnung des Deutschen Instituts für Wirtschaftsforschung (DIW) für die vergangenen 25 Jahre einen Verlust von insgesamt gut zwei Prozentpunkten Wachstum, und dieser Effekt soll in den kommenden Jahren noch zunehmen, weil sich die Auswirkungen der zunehmenden Ungleichheit auf die Bildung erst mit einer Dekade Verzögerung voll zeigen werden. Nach DIW investieren nämlich ärmere Schichten weniger in Bildung, wozu ihnen die Mittel fehlen. Bei weniger Bildung stehen der Wirtschaft dann weniger qualifizierte Fachkräfte zur Verfügung und geht damit die Produktivität zurück.

Ein anderer Effekt ist die negative Wirkung von zunehmender Ungleichheit auf den privaten Konsum und damit auf die Konjunktur. Allein dadurch sollen etwa 50 Mrd. Euro an Konsum ausgefallen sein. Dies lag daran, dass die Sparquote in der Realität um gut zwei Prozentpunkte höher war, als sich bei gleichbleibender Ungleichheit ergeben hätte. Auch die realen Bruttoanlageinvestitionen seien durch die gestiegene

Vergleich 2000-2016 zu 70er Jahre
Veränderungsraten in %

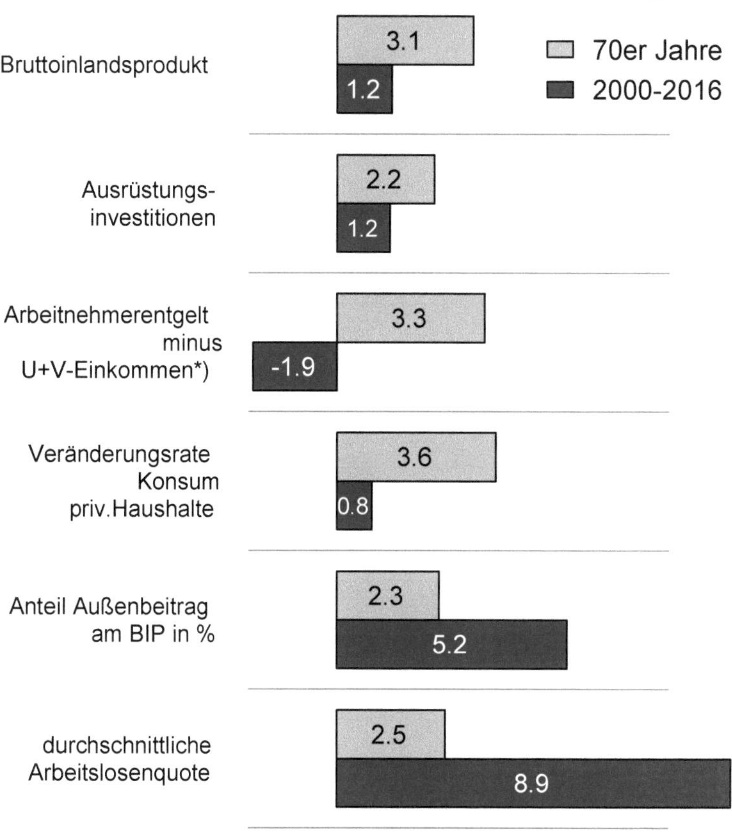

Quelle: Amtliche Statistiken, *) durchschn. Veränderungsrate
Arbeitnehmerentgelt minus durchschn.Veränderungsrate
Unternehmens- u.Vermögenseinkommen in Prozentpunkten.

Vergleich 2015/16 zu 70er Jahre
Veränderungsraten in %

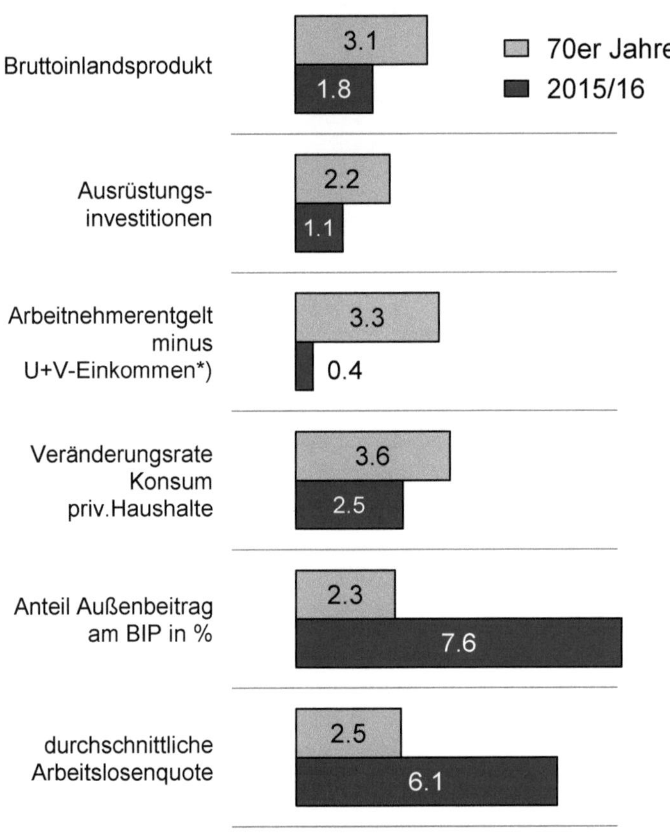

Quelle: Amtliche Statistiken, *) durchschn. Veränderungsrate
Arbeitnehmerentgelt minus durchschn.Veränderungsrate
Unternehmens- u.Vermögenseinkommen in Prozentpunkten.

Ungleichheit gedämpft worden. Würde mit den Siebzigern verglichen statt nur über die letzten 25 Jahre, so wäre die ökonomische Bremsspur noch weit deutlicher.

Die demographische Bremsspur

Eine der unglücklichen Folgen der gegenüber den siebziger Jahren so viel ungünstigeren Entwicklung der Arbeitnehmerentgelte verglichen mit den Unternehmens- und Vermögenseinkommen und der damit verbundenen Benachteiligung wachsender Teile der deutschen Bevölkerung und besonders der Frauen zeigt sich auch in der demographischen Entwicklung. Sie wird von vielen Ursachen beeinflusst und wurde vor allem durch das Aufkommen der Pille gedrückt. Aber auch die Frage, ob man sich Kinder leisten kann und ob der Arbeits- und Karrieredruck Raum für sie lässt, spielt eine nicht unwichtige Rolle. Nach einer Umfrage von Allensbach beklagten Väter und Mütter einen enormen Zeitdruck. Zwei Drittel der Väter und 70 % der vollberufstätigen Mütter stöhnen darüber, beruflich stark gefordert zu sein. Und ein Drittel dieser Eltern beklagt ungünstige Arbeitszeiten. Mütter mit Teilzeitjob oder Hausfrauen geben andererseits an, durch Haushalt und Kinderbetreuung in Zeitnot zu geraten.

Die Geburtenziffer pro Frau ist seit 1970 von 2,2 auf 1,5 im Jahr 2015 gefallen. Im Westeuropavergleich lagen damit nur die Geburtenziffern in den Eurokrisenländern noch niedriger, dagegen lag die Frankreichs mit 2,01 % erheblich höher. Die Alterslastenquote, nämlich der Anteil derer von 65 und mehr Jahren zu denen zwischen 15 und 64 Jahren, wird mit 32 % nur noch von Italien, Griechenland und Finnland übertroffen. Inzwischen hat sich die Zahl der Frauen, die Kinder bekommen können, schon so verkürzt, dass mit einer Veränderung des langfristigen Trends abnehmender Geburten und zunehmender Veralterung der Bevölkerung für die kommenden Jahrzehnte nicht mehr zu rechnen ist.

Immigration und innere Sicherheit

Die Zahl der Ausländer in Deutschland lag in den siebziger Jahren durchschnittlich bei 3,7 Mio. Sie nähert sich über 9,3 Mio. im Jahre 2016 nun fast dem dreifachen Wert von 10 Mio. Menschen, ohne dass das allerdings eine Grenze ist. Dazu kommen allein seit 1981 noch 4,7 Mio. Einbürgerungen. Ein Meilenstein war dabei die im Jahr 2000 in Kraft getretene Neufassung des deutschen Staatsangehörigkeitsrechtes mit Erleichterungen bei der Anspruchseinbürgerung durch eine verkürzte Aufenthaltsdauer und der Einführung von ius soli-Elementen für in Deutschland Geborene (siehe Kapitel 2). Während noch in den achtziger Jahren die jahresdurchschnittliche Zahl der Einbürgerungen um 40.000 lag, waren es im Jahresdurchschnitt seit der Jahrtausendwende dreimal so viele. Unterstellt man, dass die Eingebürgerten in Deutschland geblieben sind, ergibt das heute eine Gesamtzahl der Ausländer und Eingebürgerten von 14 Mio. Menschen. Ausserdem gibt es eine unbekannte Zahl an Flüchtlingen, die sich der Identifizierung und damit der Zählung entzogen haben, nachdem sie illegal über offene Grenzen nach Deutschland eingereist sind und dann in den Grossstädten unerkannt unterkommen.

Durch die seit Jahren anhaltende Immigration hat sich die Struktur der deutschen Bevölkerung dramatisch geändert. Das wird noch dadurch verstärkt, dass Immigranten sich bevorzugt in einigen Vierteln der deutschen Grossstädte angesiedelt haben. Nach den leider letzten statistischen Daten von 2013 war bis dahin der Anteil der Bevölkerung mit Migrationshintergrund in 13 deutschen Grossstädten auf 24 % für Essen bis 45 % für Frankfurt a.M. gestiegen. Das mag noch niedrig aussehen, doch bei den nachwachsenden Generationen baut sich ein ganz anderer Zuwachs auf. Schon im Jahr 2008 (wieder die letzten verfügbaren Daten) betrug der Anteil der unter drei Jahre Alten, die heute also bis zu 12 Jahre alt sind, unter sieben Grossstädten zwischen 44 % für Berlin und 72 % für Frankfurt a.M.. In vier der Grossstädte waren sie bereits unter Gleichaltrigen in der Mehrheit. Bis heute dürften diese Anteile weiter gewachsen sein.

Die letzte Flüchtlingswelle kam ganz überwiegend aus Ländern mit einer muslimischen Kultur und relativ geringem Bildungsniveau und wird daher besonders schwer zu integrieren sein. Schon der Zugang zum deutschen Arbeitsmarkt fällt ihnen sehr schwer, selbst wenn sie Asyl bekommen haben. Von den wenigen, die schon einen Arbeitsplatz gefunden haben, sind es nach einer OECD-Umfrage von 2017 bei zwei Dritteln nur solche im niedrig qualifizierten Bereich. Inzwischen ist die Zahl der Flüchtlinge, die von Hartz-4 leben, auf 400.000 gestiegen. Ende letzten Jahres lebten schon 47 % von öffentlicher Hilfe bei einer Arbeitslosenquote von 50 % und einer Beschäftigungsquote von nur 16,7 %. Jugendliche Flüchtlinge haben mit dem deutschen Schulsystem besondere Probleme. 2014 brach jeder Achte mit ausländischem Pass die Schule ohne mindestens Hauptschulabschluss ab, ein mehr als doppelt so hoher Anteil als bei deutschen Schülern.

2016 entschied das Bundesamt über fast 700.000 Asylanträge; nur 0,3 % davon wurden als Asylberechtigte im Sinne des Grundgesetzes und weitere 36,5 % als Flüchtlinge nach der Genfer Flüchtlingskonvention anerkannt. Weitere 22,1 % haben einen jährlich zu überprüfenden „subsidiären Schutz" nach Artikel 15 der EU-Richtlinie (die allerdings von Grossbritannien, Irland und Dänemark nicht akzeptiert wurde). Der Anteil der sonst immer in den Vordergrund gestellten Syrer unter den Asylantragstellern von 2016 lag bei nur knapp 37 %. Die Abschiebung der Flüchtlinge ohne Bleiberecht fällt Deutschland besonders schwer. Derzeit halten sich etwas mehr als 207.000 ausreisepflichtige Ausländer bei uns auf, und ständig werden es mit neuen Asylablehnungen mehr. Aber nur 25.000 Menschen wurden 2016 tatsächlich abgeschoben.

Wie die massenhaften sexuellen Angriffe in der Sylvesternacht von 2015 und eine Reihe von Morden und Terrorakten zeigen, ist Deutschland durch den extremen Zustrom von Flüchtlingen nicht sicherer geworden. Unter den in der Regel illegal Eingereisten befinden sich nicht wenige, die hoch traumatisiert und manchmal kaum berechenbar sind. Sie kommen meist aus Kulturen, in denen das Verhältnis der Geschlechter noch von alten Sitten ganz anders als in Deutschland geregelt und Gewalt gegen Frauen weit verbreitet ist. Nach einer telefonischen Umfrage von infratest/dimap Ende Januar 2017 unter etwa 1.000 Menschen fühlt sich jede dritte Frau zusehends bedroht. Viele Frauen haben nach eigenen Angaben ihr eigenes Verhalten in den vergangenen beiden Jahren verändert. So vermeiden 62 % aller Frauen abends grundsätzlich bestimmte Strassen, Parks oder Plätze. Ein reichliches Drittel gibt an, dies seit zwei Jahren häufiger zu tun. Öffentliche Verkehrsmittel am Abend vermeidet fast jede dritte befragte Frau. Annähernd die Hälfte von ihnen tut dies häufiger als vor zwei Jahren. Für etwa jeden Dritten sind Ausländer und Flüchtlinge die Gruppe, von der die stärkste Bedrohung ausgeht. Nach der schon zitierten IPSOS-Umfrage von 2016 sagten 38 % der Deutschen, sie fühlten sich im eigenen Lande fremd.

Da hinzu kommt die islamistisch-terroristische Szene in Deutschland. Sie ist nach Angaben des Bundesamtes für Verfassungsschutz zuletzt stark gewachsen. „Wir zählen inzwischen 1.600 Personen zum islamistisch-terroristischen Personenpotenzial", sagte BfV-Präsident Maassen im Februar 2017 auf dem Europäischen Polizeikongress. Gegen Ende des Jahres 2016 hatte die Zahl noch bei rund 1.200 Personen gelegen. Maassen betonte die anhaltende Terrorgefahr: „Wir erhalten täglich zwei, manchmal sogar vier konkrete Hinweise auf Tatbegehungen in Deutschland." Vergangenes Jahr seien aus der Bevölkerung 1.104 Hinweise zu möglichen Anschlagsplanungen oder Terrorverdächtigen allein über die BfV-Hotline eingegangen, während es im Jahr 2013 noch 103 gewesen seien. Maassen: „Wir müssen anerkennen, dass wir in einer Lage leben, und nicht mehr in einem Normalzustand." Als eigentliche islamistische „Gefährder" - Menschen, denen ein Anschlag zugetraut wird - hatte das Bundeskriminalamt zuletzt rund 570 Menschen geführt.

Deutschland ist also durch den hohen Zustrom von Immigranten gegenüber den siebziger Jahren heute wesentlich stärker belastet. Für viele Menschen ist das Leben unsicherer geworden. Doch die eigentlichen Probleme stehen noch bevor, wenn die Integration in das darauf nicht vorbereitete deutsche Schulsystem und den anspruchsvollen deutschen Arbeitsmarkt nicht ausreichend gelingen sollte. Leider ist genau das zu erwarten. Der Migrationsforscher Prof. Paul Collier von der Universität Oxford kommt zu dem Ergebnis, dass für die Aufnahmeländer nicht einmal die ökonomischen oder sicherheitsbezogenen Probleme die Hauptgefahr einer immer mehr anwachsenden Migration sein werden, sondern die gesellschaftspolitischen. Er erklärt dazu:

„Die ökonomischen Folgen von Einwanderung sind zu vernachlässigen. Entscheidender sind die sozialen Folgen. Wir wissen, dass ein gewisses Mass an kultureller Verschiedenheit einer Gesellschaft nutzt, denn die neuen Migranten bringen Innovation und Abwechslung. Aber das gilt nur bis zu einem gewissen Mass, denn zu ungleiche Gesellschaften können negative Folgen haben. Wir wissen etwa durch Robert Putnam (Soziologe an Harvard), dass das gegenseitige Vertrauen innerhalb einer Gesellschaft tendenziell sinkt, wenn die Verschiedenheit durch Einwanderung zunimmt. Für die modernen und reichen Gesellschaften ist das deshalb von Bedeutung, weil wir unzählige, sehr komplexe Institutionen haben, die auf gegenseitigem Vertrauen und Kooperation aufbauen, etwa in unseren Sozialsystemen. Wenn eine Gesellschaft zu verschieden zusammengesetzt ist, wird es schwieriger, die Kooperation in solchen Systemen zu organisieren. Das ist in der Forschung nicht kontrovers, sondern Standard. Ein zweites Merkmal der europäischen Gesellschaften ist ihre Grosszügigkeit gegenüber den Bedürftigen. Zahlreiche Studien belegen, dass ein zu hohes Mass an Migration die Bereitschaft von Gesellschaften senkt, grosszügig Sozialleistungen zu gewähren. Man sieht das zum Beispiel in den USA: Die Gesellschaft ist weniger homogen zusammengesetzt als jene in Europa. Dementsprechend ist der Staat weniger grosszügig zu den Armen im Land."

Bundeskanzlerin Merkel rechtfertigte ihre Grenzöffnung von 2015 in einer späteren Pressekonferenz als „historische Bewährungsaufgabe in Zeiten der Globalisierung". Tatsächlich ist das Zusammenspiel von leichtsinnigen Einladungsgesten der Bundeskanzlerin und die globale Vernetzung der Medien daran schuld, dass die Gesten überall in der Welt bis nach Afrika hinein wahrgenommen wurden. So wurde eine Lawine losgetreten, deren Höhepunkt wahrscheinlich längst nicht erreicht ist. Die deutschen Medien berichteten im Februar 2017 über ein angeblich geheimes Papier der deutschen Sicherheitsbehörden, wonach bis zu 5,95 Millionen Flüchtlinge darauf warten sollen, nach Europa zu gelangen. In türkischen Flüchtlingsunterkünften sollen sich 2,93 Millionen Flüchtlinge befinden, die das Ziel Europa haben und alleine in Libyen würden sich 1,2 Millionen Flüchtlinge aufhalten, die auf eine Überfahrt nach Europa hoffen. Weitere bis zu 500.000 Flüchtlinge sollen es in Ägypten sein und in Tunesien, Algerien und Marokko noch einmal 610.000. Viele Flüchtlinge stammen aus der Region Zentralafrika und kommen unter anderem über Mali und Niger nach Algerien und Libyen. Die meisten sind Wirtschaftsflüchtlinge. In dieser Lage soll die Bundesregierung bereits in der EU für eine Ausnahmeregelung werben, die es erlauben würde, Flüchtlinge in die Transitländer Libyen, Tunesien und Algerien zurückzuschicken, auch wenn diese als unsicher gelten. Im Gegenzug würden dann, wie im Abkommen mit der Türkei, Flüchtlinge mit echtem Asylrecht nach Europa hineingelassen (zu Afrika siehe Anhang 1).

Die Umwelt zahlt für die Kosten, weit mehr als früher

In den siebziger Jahren gab es schon grenzüberschreitende Umweltschäden, vor allem den sauren Regen, der die

Wälder zerstörte. Doch solche Schäden waren nicht global und waren nicht das Ergebnis von Globalisierung. Der Club of Rome hatte mit seinem Bericht von 1972 ökologische Folgen der industriellen Wachstumspolitik erstmals ins Bewusstsein einer breiteren Öffentlichkeit gerückt. Doch auch das waren Folgen, die nicht speziell der Globalisierung angelastet wurden. Global war die Sorge vor einem Atomkrieg, der der antinuklearen Bewegung Auftrieb gab. Doch erst 1983 zogen die Grünen in den Bundestag ein und erst 1986 kam es zur Katastrophe von Tschernobyl mit ihren globalen Auswirkungen und in der Folge zum Aufstieg der Anti-Atomkraftbewegung. Zwar war die internationale Bewegung Greenpeace schon 1971 gegründet worden, doch richtete sie sich damals vor allem gegen Kernwaffentests und den Walfang. Ihre grossen international auffallenden Kampagnen begannen erst später. In den siebziger Jahren waren sich die Mehrheit der zuständigen Wissenschaftler und die Medien noch eher einig, vor einer neuen Eiszeit zu stehen, weil die globalen Temperaturen zuvor gesunken waren. Erst seit Ende der siebziger Jahre mehrten sich dann die Warnungen vor der Erwärmung aufgrund menschlichen Verhaltens. So waren die siebziger Jahre noch von globalen Umweltsorgen relativ unbelastet.

Die Situation hat sich seitdem dramatisch verändert. Mit der Globalisierung der Weltwirtschaft entstehen ebenfalls gewaltige Kosten, für die die Umwelt zahlt. Die Warenproduktion wurde nicht zuletzt aus Kostengründen massiv in Länder mit geringen Umweltstandards und vor allem hoher Energieintensität, meist auf der Basis besonders umweltschmutziger Kohle, verlagert, und der Rücktransport der dort produzierten Güter in die alten Industrieländer ist ebenfalls sehr energieintensiv. So steigt auch deshalb der erderwärmende Ausstoss an Kohlendioxid und Stickoxid gewaltig und unaufhaltsam. Seit 1980 verzeichnet das Mauna Loa Observatory der US National Oceanic and Atmospheric Administration auf Hawaii bereits einen Anstieg der CO2-Emissionen um fast 20 %.

Allein das Riesenland China hat seine CO2-Emissionen von 1980 bis 2014 verfünffacht und steigert sie nun immer weiter. Lag sein Anteil an den globalen Emissionen 1980 noch bei 8 %, so stieg er bis 2014 schon auf über 27 %. Durch die massive Verlagerung von Industrieproduktion im Gefolge der neoliberalen Globalisierung wurde nicht nur eine einfache globale Umverteilung der Emissionen ohne absoluten Anstieg bewirkt, sondern eine Umverteilung in ein Land mit einer sehr geringen Energieeffizienz und entsprechend hoher Energie- und Emissionsintensität, besonders weil die Stromproduktion in oft veralteten Kraftwerken und meist auf der Basis besonders CO2-intensiver Kohle geschieht. Der chinesische Verbrauch an primärer Energie pro Wirtschaftsleistung lag nach den letzten Daten der OECD für 2013 um mehr als ein Drittel über dem Weltdurchschnitt, um fast die Hälfte über dem der USA und doppelt so hoch wie der der EU oder Deutschlands. Im neuen 13. Fünfjahresplan von 2016 bis 2020 will die chinesische Regierung zwar den Energieverbrauch um 15 % pro Wirtschaftsleistung senken, gleichzeitig aber die Wirtschaftsleistung um insgesamt 37 % steigern, was im Ergebnis den Energieverbrauch und damit die CO2-Emissionen weiter hochfahren wird. Umweltpolitisch ist diese neoliberale Handelspolitik, die die besonders energie- und emissionsintensiv produzierten Güter in die unbeschränkte Konkurrenz mit emissionssparenden Produktionen in Europa lässt, ein ziemlicher Wahnsinn.

Daneben gibt es viele weitere Bereiche, in denen die Kosten der Globalisierung der Umwelt aufgebürdet werden. Beispielsweise wird Elektroschrott der Industrieländer und anderer Abfall in armen Ländern gegen ein Butterbrot abgekippt. Die globale Verschmutzung der Weltmeere hat sich zu einer eigenen Bedrohung der Menschheit entwickelt. Bei der Produktion von Futtermitteln für europäische Kühe auf Feldern in der Dritten Welt werden Pestizide in weit höherem Mass eingesetzt als bei uns. Hinzu kommt, dass vielerorts die traditionellen Lebens- und Wirtschaftsformen der Völker in diesen Ländern durch die Export-Monokulturen gefährdet werden.

Die Organisation in deren Verantwortung die neoliberale Globalisierung vor allem betrieben wird, nämlich die Welthandelskonferenz, wäscht sich allerdings ob der ökologischen Folgen ihres Tuns die Hände in absoluter Unschuld und behauptet sogar, die Liberalisierung des Handels nütze der Umwelt. So heisst es auf der Webseite der WTO:

„Die Wirkung des Handels für Wirtschaftswachstum und Beseitigung von Armut macht ihn zu einem mächtigen Verbündeten für nachhaltige Entwicklung. Das Ziel der Handelsliberalisierung ist eine wirkungsvollere Nutzung der Ressourcen, die für die Umwelt positiv sein sollte. Die Beseitigung von Handelsbeschränkungen kann Vorteile sowohl für das multilaterale Handelssystem wie für die Umwelt bringen. Nachhaltige Entwicklung und Schutz der Umwelt sind fundamentale Ziele der WTO. Während es keine spezifischen Regeln für den Schutz der Umwelt in der WTO gibt, können Mitgliedsländer ausserhalb der WTO umweltschützende Massnahmen treffen, solange sie nicht für Protektionismus missbraucht werden. Die WTO hat ein Komitee für Handel und Umwelt eingesetzt. Es soll die Beziehung zwischen Handel und Umwelt studieren. Änderungen müssen die Prinzipien des WTO-Handelssystems befolgen. Die WTO ist keine Umweltorganisation. Ihre Mitglieder wollen sich nicht in Umweltpolitiken einmischen oder Umweltstandards setzen. Dafür sind andere Organisationen besser geeignet. Die WTO-Prinzipien der Nichtdiskriminierung stehen nicht im Widerspruch mit Handelsmassnahmen zum Schutz der Umwelt. Der effizienteste Weg, um mit internationalen Umweltproblemen umzugehen, ist über Umweltabkommen. Bisher ist keine den Handel betreffende Massnahme, die unter einer internationalen Umweltvereinbarung getroffen wurde, vor der WTO angegriffen worden. “

Es ist qualvoll, das alles zu lesen. Denn praktisch heisst es: „Lasst uns mit der Umwelt in Ruhe. Dafür gibt es andere

Institutionen." Und natürlich ist es auszuschliessen, dass dieselben Regierungen Umweltschutzmassnahmen treffen und sie dann selbst wieder vor der WTO infrage stellen. Die WTO rühmt sich, ein Herz für Schildkröten, Delphine und andere bedrohte Tierarten zu haben und zu deren Schutz handelsbeschränkende Massnahmen zuzulassen. Nie aber würde sie Massnahmen zur Beschränkung der Einfuhr von Waren zulassen, die unter extrem schädlichen Umweltbedingungen oder miesen Sozialstandards produziert werden. Ein entsprechendes Herz für Menschen hat sie nicht. So kann beispielsweise China weiter die CO2-Emissionen mit besonders umweltschädlichem Energieeinsatz hochfahren und die Produkte mit dem Segen der WTO global vertreiben, auch wenn es damit die Erderwärmung unverhältnismässig stark hochtreibt.

Zur Umweltbilanz gehört schliesslich, dass sehr viele Menschen in den deutschen Grossstädten heute in erbärmlichen Luftverhältnissen mit zeitweise hohen Feinstaub- und Stickoxidwerten leben müssen, wobei die globale Erwärmung ebenfalls eine unheilvolle Rolle spielt. Schon 1962 war Carsons aufrüttelndes Buch über die Wirkung von Pestiziden „Der stumme Frühling" erschienen. Doch erst nach den Siebzigern ging es mit der Vernichtung ganzer Tier- und Pflanzenrassen so richtig los. Dazu gehört heute die Überfischung der Meere und deren Missbrauch als Müllkippe der Zivilisation.

Ein Blick über den deutschen Tellerrand

Bei den meisten unserer europäischen Nachbarn fällt die Bilanz aus der neoliberalen Globalisierung noch weit negativer aus, was uns in Deutschland nicht trösten sollte. Wenn nach der IPSOS-Umfrage von 2016 fast drei Viertel der Italiener (73 %) und mehr als zwei Drittel der Franzosen (67 %) und immer noch fast die Hälfte der Deutschen (47 %) das eigene Land im Niedergang sehen, wenn sie zu hohen Anteilen heutige Kinder in einer schlechteren Position sehen als deren Eltern (Frankreich 67 %, Italien 55 % und Deutschland

53 %), ist etwas sehr grundsätzlich faul mit der neoliberalen Globalisierung überhaupt. Ebenso beunruhigend ist die Überzeugung von der Bevorzugung der Reichen und Mächtigen durch das Wirtschaftssystem (Frankreich 70 %, Italien 75 % und Deutschland 66 %) und dass sich Politiker nicht um die Menschen kümmern (Frankreich 76 %, Italien 72 % und Deutschland 53 %). Die Bereitschaft, in der Öffnung des eigenen Landes für den internationalen Handel eine Chance zu sehen, ist fast überall zusammengebrochen (Frankreich 26 %, Italien 28 % und selbst Deutschland nur 34 %).

Wie IPSOS ist die eher konservative deutsche Bertelsmann-Stiftung der Frage nachgegangen, woraus sich die Angst vor der Globalisierung speist. Sie hat das in einer Untersuchung auf der Basis der Befragung von fast 15.000 Menschen in den neun grössten Mitgliedsländern der EU („Wer in Europa populistische Parteien wählt und warum") herauszufinden versucht. Nach dem im November 2016 veröffentlichten Befund haben im gewichteten Durchschnitt der neun Länder immerhin etwa 42 % angegeben, die Globalisierung als Bedrohung zu betrachten. Die Länder mit Anteilen von 45 % bis 55 % waren in aufsteigender Reihenfolge: Deutschland, Ungarn, Polen, Frankreich und Österreich.

Einiges war besser in Deutschland, aber ...

Angesichts der hier aufgelisteten negativen Entwicklungen seit den siebziger Jahren darf man nicht die Lebensumstände vergessen, die heute besser als damals sind. Man denkt schnell an Beispiele, wie der Wegfall gleichförmiger und schwerer Handarbeit durch mehr Einsatz von Automaten, Fortschritte in der Medizin, die längere Lebenserwartung, den schnellen Luftverkehr und einiges mehr. Doch diese Verbesserungen sind eigentlich nur das Ergebnis technischer und wissenschaftlicher Entwicklungen, die mit der Globalisierung wenig zu tun haben. Andererseits ist nach vielen Untersuchungen der Stresspegel am Arbeitsplatz über die vergangenen

Jahrzehnte deutlich gestiegen, wobei atypische Arbeitszeiten nachts, an Wochenenden und über 48 Stunden enorm zugenommen haben – nicht zuletzt Ergebnis des verstärkten globalen Wettbewerbs. Gleichzeitig haben sich Schlafstörungen und Depressionen gefährlich ausgebreitet und müssen sich viel mehr Menschen als damals frühpensionieren lassen..

Zwar verdanken wir der Globalisierung, dass viele Waren, vor allem technische Produkte, die im Ausland mit billigster Arbeitskraft produziert werden, erschwinglicher gemacht wurden und damit die Verbraucherpreisentwicklung bei uns gebremst wurde - ein echter Vorteil also aus der Globalisierung, auch wenn er nicht dauerhaft sein wird, weil auch in den Ländern der Billigproduzenten die Löhne steigen. Doch ist dieser Vorteil in Deutschland sehr ungleich zum Tragen gekommen, weil in vielen Industriebereichen die billigen Importe gleichzeitig die Entwicklung der einheimischen Löhne gebremst und damit den Vorteil mehr oder weniger ausgeglichen haben.

Ausserdem ist natürlich die gesamte Wirtschaftsleistung heute so viel grösser als damals. Sind wir alle damit nicht sehr viel wohlhabender geworden? Tatsächlich ist das verfügbare Einkommen der privaten Haushalte seit Ende der siebziger Jahre preisbereinigt um schöne 37 % gestiegen. Allein das müsste uns heute glücklicher als in den siebziger Jahren machen. Doch bei näherem Hinsehen sind bei den Arbeitnehmern die Nettolöhne pro Kopf seit dem Ende der Siebziger über 36 Jahre preisbereinigt insgesamt nur um 7 % gestiegen, und dabei werden noch die stark gestiegenen Gehälter von Leitenden Angestellten, die sich allein seit 2007 um 8 Prozentpunkte besser als die der angelernten Arbeitnehmer entwickelt haben, mitgezählt. Das Meiste des Zuwachses der verfügbaren Einkommen ist also sehr einseitig der Entwicklung der Einkommen der Leitenden Angestellten, der Selbständigen und der Vermögen zuzuschreiben, Ergebnis der schon berichteten sehr ungleichen Einkommensverteilung.

Die Nostalgiefalle

Nun gibt es eine weit verbreitete Nostalgie nach den guten alten Zeiten, die aus dem Bauch kommt, oft herbeigeträumt wird und gerade ältere Menschen heimsucht. Beispielsweise hat Marcel Prousts in seinem Romanzyklus „Auf der Suche nach der verlorenen Zeit" die Erinnerung an sein Heimatdorf angesprochen. Als Nostalgiker werden oft Menschen bezeichnet, die fast krankhaft aus der Wirklichkeit fliehen. Die Entwicklungspsychologin an der Universität Ulm Tabea Wolf ist in ihrer Forschung der Frage nachgegangen, warum wir rückblickend die Vergangenheit oft geradezu als heile Welt zu betrachten scheinen, und meint, das liege daran, dass unser Gedächtnis uns trüge. Positive Erlebnisse blieben besser in Erinnerung. Negative Erfahrungen gerieten dagegen oft schnell in Vergessenheit. Man muss sich also vor einer „Nostalgiefalle" schützen, wenn man, wie hier, mit der Vergangenheit vergleicht. Das geschieht am besten, wenn man sich an den nackten statistischen Daten orientiert und nicht etwa nur an seinen eingebildeten Lebenserfahrungen. Dann sollte man eigentlich vor der „Nostalgiefalle" bewahrt bleiben.

* * * * *

Bei einer so überwiegend negativen Gesamtbilanz des Zeitalters der neoliberalen Globalisierung im Vergleich zu der Zeit davor empfiehlt sich der Weg zurück, auch wenn nicht alles zurückdrehbar sein wird und beispielsweise das enorme Problem der Massenmigration nur teilweise mit der neoliberalen Globalisierung zusammenhängt und nicht schon durch deren Zurückdrehen gelöst werden kann. Nichts spricht dafür, dass der Weg zurück in die Zeit vor der neoliberalen Globalisierung total verschüttet wäre und sich die Menschen in den entwickelten Industrieländern nun mit der heutigen Situation eben auf Ewigkeit abfinden müssten. Im Prinzip ist die neoliberale Globalisierung immer noch umkehrbar.

Kapitel 3: Zu den Chancen für eine Umkehr

In den Völkern Europas (und der USA) brodelt es derzeit. Als Spitze des Eisbergs ist die Stimmung gegen die Massen-Immigration aus fremden Kulturen umgeschlagen. Nach einer neuen europaweiten Umfrage von Chatham House, einer sehr seriösen britischen Institution, unter mehr als 10.000 Menschen verlangen durchschnittlich 55 % der Befragten, die Zuwanderung aus muslimischen Ländern zu stoppen. Der Anteil liegt in Deutschland mit 53 % etwa auf der gleichen Höhe, noch höher unter den Westeuropäern in Österreich mit 65 %, Belgien 64 % und Frankreich 61 %.

Vieles an der Angst vor muslimischer Einwanderung mag irrational sein. Doch es gibt einen rationalen Kern, der gern übersehen wird: Die Lasten der neuerdings meist muslimischen Massen-Zuwanderung tragen in Deutschland fast nur die Menschen, die rücksichtslos der Konkurrenz mit Zugewanderten um Arbeits- und Schulplätze, Wohnraum und Sozialleistungen ausgesetzt werden. Es sind sie, die Wand an Wand mit den ihnen total fremden Zuwanderern leben müssen, nicht die Deutschen aus den Villenvierteln und bürgerlichen Wohngegenden, die sich so gerne für unbegrenzte Zuwanderung einsetzen. Der deutsche Soziologe Prof. Armin Nassehi spricht zurecht von einem „Kulturkampf", bei dem die global orientierten Modernisierungsgewinner mit einer exzessiven Willkommenskultur ihr Abgrenzungsbedürfnis gegen kleinbürgerliche Ängste und Enge bedienen.

Noch wichtiger für die Motivation zum Protest ist die persönliche, aber zugleich massenhafte Erfahrung total einseitiger Verteilung von Einkommen und Vermögen bei immer mehr schwindenden Aufstiegschancen für die am unteren Ende der Hackordnung. Die Politiker sind längst beim Schwindeln ertappt worden, indem sie von Chancengleichheit reden, nichts aber dafür tun. Auch einfache Menschen beginnen zu begreifen, was die Globalisierung für sie bedeutet.

In der Wagenburg

Doch kann es überhaupt eine Umkehr in eine weniger globalisierte und zugleich gerechtere Welt geben? Spätestens bei dieser Frage kommt Skepsis auf. Trotz grosser Unzufriedenheit grosser Teile der Bevölkerungen in den fortgeschrittenen Industrieländern mit den sozialen Verwerfungen und den globalisierungsbedingten Abstiegsrisiken: An den politischen Verhältnissen hat sich bisher nichts geändert und für die Zukunft zeichnet sich bisher sehr wenig Veränderung ab. Die Eliten, die für die neoliberale Globalisierung verantwortlich sind, sind weiterhin überall in den entscheidenden Stellungen. Niemand von ihnen hat den Mut, eigene Versäumnisse einzuräumen, zumal er dann von den hinter ihm oder ihr stehenden Kräften ziemlich schnell verjagt würde.

In Grossbritannien regiert weiter eine konservative Partei, deren bisherige Praxis keinerlei Hoffnungen auf positive soziale Veränderungen zulässt, und eine neoliberal gestimmte Premierministerin, die davon träumt, das Land noch globaler auszurichten („Global Britain"). Britische Arbeitnehmer werden gleich am Anfang die Schutzrechte verlieren, die sie bisher in der EU hatten, wie die maximalen Arbeitszeiten. Das wegen Brexit stark fallende Pfund verspricht ihnen Inflation. Vielleicht gibt es etwas weniger Konkurrenz vom europäischen Kontinent, dafür aber viel mehr aus dem Rest der Welt, und ein kleines Grossbritannien wird in mühsamen Verhandlungen keine besseren Vereinbarungen mit Handelspartner erreichen als die EU als grösster Markt der Welt. In USA verspricht Trump zwar sehr viele Verbesserungen für die Abgehängten, nimmt aber als erstes 14 Millionen Amerikanern die von Obama eingeführte Krankenversicherung. Sein Haushaltsvorschlag sieht die Streichung von 3 Mrd. $ aus dem „Community Development Block Grant Programm" vor, aus dem „Essen auf Rädern" und Wohnbauprogramme unterstützt werden. Trumps Berater und Minister kommen zu einem grossen Teil direkt aus dem Reichtum von Wall Street und haben über die Nöte der Armen höchstens irgendwo gelesen, sind aber nie in deren Nähe geraten. Trump will die Steuern generell senken und damit vor allem den eh schon Wohlhabenden entgegenkommen, die bei jeder generellen Steuersenkung am meisten gewinnen. Viele Menschen werden noch merken, dass sie wieder einmal auf das falsche Pferd gesetzt haben.

In Deutschland haben die herrschenden Eliten durchaus nicht vor, den Globalisierungskritikern, von kleinen Korrekturen vielleicht abgesehen, entgegen zu kommen. Da ist eher ein Aussitzen der Proteste in der Wagenburg Devise, bis - frei nach Kohl - die Karawane weiterziehen kann, während die Hunde noch bellen. Nicht einmal eine Obergrenze für den massenhaften Zuzug aus fremden Kulturen wird es geben.

Sehr typisch für die Haltung der grossen Multis in dieser Wagenburg ist der jährlichen Brief des Chefs von General Electric Immelt an seine Aktionäre vom Februar 2017: „Wir leben in einer Ära, wenn einige der besonders grundsätzlichen Annahmen zur globalen Ökonomie getestet werden. Da gibt es tiefe Skepsis gegenüber den Ideen, die für eine Generation die wirtschaftliche Expansion angetrieben haben. Erleben wir das Ende der Globalisierung? Ich denke nicht. Es ist das Ende der globalen Elite, derer, die die Welt nur von Finanzzentren oder einer Webseite wahrnehmen. Die meisten globalen Institutionen sind siebzig Jahre alt und müssen modernisiert werden, um den gegenwärtigen globalen Herausforderungen gewachsen zu sein. Haltungen zur Globalisierung haben sich geändert, und es ist wichtig, dass wir beweglich bleiben, um uns auf eigenen Füssen weiter zu bewegen. Es gibt einen starken Trend zu wirtschaftlichem Nationalismus überall in der Welt. Die Regierungen werden einen starken Einfluss auf die Wirtschaft nehmen, mit einem immer stärkeren Fokus auf die Schaffung von Arbeitsplätzen. Kein Unternehmen kann sich diesen Wellen des Wechsels entziehen. Die Globalisierung ist frisch – sie ändert sich jeden Tag." Als ein Unternehmen, das global so ziemlich überall investiert hat, ein Super-Multi also, fühlt sich GE wohl von den Protesten wenig betroffen.

Keine Umkehr der Eliten: CETA und so weiter

Eben haben die regierenden Eliten, auch in Deutschland, noch das sogenannte „Freihandels-Abkommen" CETA der EU mit Kanada durchgewunken, das den Multis zusätzliche Rechte einräumt. Es hat nichts mit Freiheit zu tun, allenfalls mit der Freiheit der Multis, ihre Interessen ausserhalb der normalen Justiz durchzusetzen und auf diese Weise Regeln der Daseinsfürsorge für die Bürger auszuhebeln.

Gegen CETA richtete sich mit mehr als 200.000 Klägern die grösste Bürgerklage vor dem Bundesverfassungsgericht in der Geschichte der Bundesrepublik. Leider waren die Eilanträge vergeblich, auch wenn das Gericht von der Bundesregierung verlangt, sicherzustellen, dass Deutschland wieder aussteigen kann, falls die spätere Hauptsachenentscheidung des Gerichts dies nötig machen sollte. Doch für einen solchen Ausstieg wird das Gericht, wie schon in früheren EU-relevanten Entscheidungen, nicht den Mut haben. Längst hat es aufgegeben, die Bürger wirklich in ihren Rechten zu schützen, wenn sie auf dem europäischen Altar geopfert werden.

CETA kommt als Wolf im Schaftspelz daher. Es kann nämlich später durch ein Lenkungsgremium von EU-Kommission und kanadischer Regierung an den Parlamenten vorbei geändert oder verbindlich interpretiert werden. Die Gefahren von CETA lassen sich hier nicht alle auflisten. Es ist jedenfalls der erste Handelsvertrag der EU, der Investitionsgerichte vorsieht. Vor diesen können Investoren die Vertragsstaaten in einer Paralleljustiz verklagen, wenn sie ihre zukünftigen Profiterwartungen durch Gesetzgebungen eingeschränkt sehen. Damit wird der Spielraum für eine Gesetzgebung zugunsten des Gemeinwohls erheblich eingeschränkt. Profitieren werden davon Huckepack viele der grössten US-Firmen, weil sie in Kanada Niederlassungen unterhalten und damit auch ohne das auf Eis gelegte Abkommen mit den USA ihre Forderungen durch die kanadische Hintertür durchsetzen können.

Als Paralleljustiz sieht CETA ein öffentlich legitimiertes Investitionsgericht mit von den Vertragsparteien ernannten Richtern und eine Berufungsinstanz vor. Was das bedeuten kann, zeigt das 2006 vor einem Schiedsgericht in USA eröffnete Verfahren des schwedischen Energieunternehmens Vattenfall gegen die Bundesrepublik Deutschland. Vattenfall fühlt sich durch den deutschen Atomausstieg enteignet und verlangt von Deutschland nicht weniger als 4,7 Milliarden Euro. Das ist ein horrender Betrag, mit dem sich Vattenfall über Entscheidungen eines demokratisch gewählten Parlaments hinwegsetzen würde. Selbst die Gerichtskosten dieses schon lange andauernden Streits werden auf 9 Mio. Euro geschätzt. Zwar hat Vattenfall auch vor dem Bundesverfassungsgericht gegen den deutschen Staat geklagt, räumt aber dieser Beschwerde kaum Erfolgschancen ein, da das Gericht bisher nur enteigneten Privatbürgern schützenswerte Grundrechte einräumt, nicht aber einem Unternehmen, zumal wenn es sich - wie Vattenfall - im Eigentum eines ausländischen Staates befindet. Und so versucht es Vattenfall mit der Paralleljustiz.

Zu allem Überfluss wird CETA völkerrechtlich bindend sein und sich kaum mehr zurücknehmen lassen. Die berüchtigte „Zombieklausel" in Kapitel 30 sieht für den unwahrscheinlichen Fall einer Kündigung des Vertrags vor, dass die Klagerechte für Investoren noch weitere 20 Jahre erhalten bleiben. Darüber hinaus ist CETA als ein „lebendes Abkommen" konzipiert. Ein „Forum für die Zusammenarbeit in Regulierungsfragen" aus Beamten soll laufende oder zu erwartende Regulierungsvorhaben daraufhin prüfen, ob sie Handelsinteressen beeinträchtigen könnten. Durch die vertraglich vorgesehene Einladung von Interessenvertretern können angeblich „handelsverzerrende" Gesetzesvorhaben verzögert oder aus dem Verkehr gezogen werden, noch bevor Parlamente und Öffentlichkeit sich damit überhaupt auseinandergesetzt haben.

Und schon wird das nächste Freihandelsabkommen auf die Rampe geschoben, diesmal der EU mit Japan. Wieder verspricht die parteiische Wirtschaftsforschung (Ifo-Institut im

Auftrag der Bertelsmann-Stiftung) mehr Wirtschaftsleistung für Deutschland, wenn auch nur 0,1 %. Merkel unterstützt ganz auf digital: „Auch die Staaten müssen barrierefrei kooperieren".

Die Schwäche der Proteste

Eine nicht zu übersehende Schwäche eines grossen Teils der Proteste besteht in der kurzsichtigen und schlecht informierten populistischen Intention, denen da oben nur mal eben eins auswischen zu wollen. Damit aber ändert sich wenig am Konzept der neoliberalen Globalisierung. Kein Weg zurück zu einer sozialeren Marktwirtschaft wird damit geöffnet. Viele der populistischen Anführer von heute werden, sollten sie es vom Protest der Gutgläubigen getragen an die Macht schaffen, an echte Veränderungen nicht einmal denken wollen.

Sehr viele von denen, die heute protestieren, müssen noch sehr viel lernen, um die Strukturen und Mechaniken der neoliberalen Globalisierung und, was daran zu ändern ist, wirklich zu verstehen. Daher ist leider derzeit abzusehen, dass sich sehr viele der heute noch Protestierenden morgen wieder in ihren Frust und die Wahlenthaltung und die politische Unfruchtbarkeit zurückziehen. Immerhin ist die Wahlbeteiligung in Deutschland seit den siebziger Jahren von 91 % auf nur noch 71 % gefallen und haben gerade die Gegenden mit hoher Arbeitslosigkeit die geringste Wahlbeteiligung.

Dabei spielt mit, dass es bisher vor allem ältere Generationen sind, die den Protest unterhalten. Sie sind ohnehin schon von der Natur her nicht die Zukunft ihrer Länder. Sie kommen meist aus den Generationen vor den Bildungsrevolutionen, die in den meisten Ländern nach ihrer Zeit stattgefunden haben und dann auch Menschen aus einfacheren oder ärmeren Verhältnissen den Weg in die formal höhere Schulbildung geebnet haben. Tatsächlich haben vor allem die weniger schulisch Gebildeten sowohl in Grossbritannien für den Brexit, wie in USA für Trump gestimmt. In beiden Ländern ist das sehr gut nachweisbar. Für England und Wales zeigt eine Aufteilung nach lokalen Distrikten, dass der Anteil der Brexit-Gegner mit dem Anteil an Universitätsabgängern steigt und umgekehrt. Ähnlich waren die Verhältnisse bei der Trumpwahl. Bei 48 der 50 Bezirke mit den höchsten Bildungsergebnissen unter insgesamt 981 mit mehr als 50.000 Menschen hat Clinton das Ergebnis von Obama noch übertroffen. Bei weissen Wählern ohne College-Abschluss, die immer noch etwa 50 % der Wähler stellen, hat Clinton gegenüber früheren Ergebnissen der Demokraten dagegen erheblich verloren. Unter den Protestwähler in Grossbritannien und USA befanden sich also überproportional viele aus den ärmeren Schichten, die aber zugleich überwiegend ein Defizit an formaler Schulbildung hatten. Gerade in diesen Schichten ist daher mehr an Aufklärung über die wahre Natur der Globalisierung nötig.

Während heute der Protest überwiegend von den älteren Generationen getragen wird, scheinen diejenigen, um deren Zukunft es eigentlich gehen sollte, weitgehend unpolitisch zu sein. Nicht nur fehlt auch ihnen ein ausreichendes volks- und sozialwirtschaftliches Verständnis der Globalisierung und haben sie die Zeiten einer in Deutschland noch gut funktionierenden sozialen Marktwirtschaft ohnehin nicht mehr mit politischem Bewusstsein erlebt, sie stehen vor allem unter dem Druck eines unsicheren Arbeitsmarktes, oft in Probe- und Zeitverträgen. Zu viele von ihnen wollen erst einmal ordentlich Geld verdienen und ihre soziale Position festigen, ehe sie sich um andere Dinge kümmern wollen oder gar wagen würden, mit ihren Auffassungen aufzufallen. Auch unter den jüngeren Generationen ist also noch ein langer Lernprozess nötig.

Ein dummhaltendes Bildungssystem

Selbst die formal Gebildeten, die eigentlich begreifen sollten, was Globalisierung bedeutet, sind zu oft durch ein mangelhaftes und aufstiegsfeindliches Schulsystem gegangen, gerade in Deutschland. Man könnte glauben, dieses System sei absichtlich so eingerichtet worden, dass es das Verständnis von Globalisierung und den damit verbundenen wirtschaftlichen und sozialpolitischen Zusammenhängen erschwert und stattdessen die Propaganda der Globalisierer erleichtert. Mehr Kritik am Bildungssystem im Anhang 2.

In diesem schwächelnden Bildungssystem fehlt es eklatant an ausreichendem Lehr- und Lernmaterial für die sehr komplexen volkswirtschaftlichen und sozialen Entwicklungen hinter der Globalisierung, die nicht leicht zu begreifen sind. Es fehlt an Einblick in die Strukturen und Wirkungsmechanismen und die unmittelbar der Globalisierung zuzurechnenden Folgen. Es fehlt auch dramatisch an Lehrern, die solche Sachverhalte vermitteln und erklären könnten. Ein sehr gutes Beispiel dafür ist der bekannte und grösste Klett-Schulbuchverlag. Der hat auf seiner Webseite einen Auszug über "Die Weltwirtschaft im Globalisierungsprozess" aus dem Schülerbuch für die Oberstufe. Dort heißt es zur Globalisierung:

"Für die Gegner ist der Begriff mit Ängsten verbunden, z. B. mit der Angst vor Arbeitslosigkeit aufgrund von Produktionsverlagerungen in Billiglohnländer oder der Angst vor Sozialabbau und weltweiten Umweltzerstörungen. Sie kritisieren u. a., dass die weltweit operierenden Unternehmen sich aller nationalen Kontrolle entziehen können und werten dies als Ursache für eine mögliche wirtschaftliche und politische Instabilität. Als Ergebnis subjektiv geprägter Einschätzungen sind diese widersprüchlichen Urteile zumeist nur bedingt durch reale Fakten gedeckt. Eines steht jedoch fest: Niemand kann sich heute dem Prozess der Globalisierung entziehen."

So holt also der Schulbuchverlag gleich mal polemisch und ohne nähere Begründung die große Keule gegen die Globalisierungsgegner heraus. Im Weiteren kommen dann viele technische Ausführungen, warum sich der Warenverkehr so stark entwickelt hat und welche Rolle das GATT und die WTO dabei gespielt haben. Auch werden noch bestehende Handelshemmnisse gegenüber Ländern der Dritten Welt beklagt, obwohl gerade deren wichtigstes Land China die Liberalität brutal und unfair ausnützt. Vor allem fehlt jede kritische und faktenunterlegte Erläuterung über die Nachteile für große Teile der Bevölkerungen in den entwickelten Industrieländern, über die Ausnützung der miesesten Sozial- und Umweltbedingungen, das Dumping, die Währungsmanipulation, die Migration billigster Arbeitskräfte, die Verlagerung von Entscheidungskompetenzen weit von den Bürgern weg in nicht demokratisch kontrollierte Institutionen und viele der anderen Untaten der neoliberalen Globalisierer. Warum die Kosten in einigen wichtigen Handelsländern so dramatisch niedriger sind, nämlich Verbot oder Unterdrückung unabhängiger Gewerkschaften, kein Streikrecht, keine Sozialversicherung, kein Umweltschutz, wird ebenfalls unterschlagen

Ähnliches erlebt man auf der Webseite Schulfuchs.de, die sich seit zwanzig Jahren als "Bildungstreff für Lehrerinnen und Lehrer" versteht und dafür Lernmaterial anbietet. Dazu gehört Lernmaterial unter dem Titel "Sozialpolitik im Zeichen der Globalisierung" (siehe Anhang 3). Doch dieses Material führt total an allen dunklen Seiten der Globalisierung vorbei. Die wird zum in der Substanz heute und für die Zukunft unbestreitbaren Ausgangspunkt des Lernprozesses aufgewertet.

Bei einem solchen Schulsystem kann man eigentlich einen ausreichend sachkundigen Protest der von der neoliberalen Globalisierung an den Rand Gedrängten und auch aller anderen, die mitbetroffen sind, in dem für Veränderungen nötigen massenhaften und nachhaltigen Umfang kaum erwarten. Damit gibt es nur zwei sich ergänzende Wege, auf denen Deutschland den Irrweg der neoliberalen Globalisierung verlassen kann. Einerseits müssen sich die bereits ausreichend Sachkundigen mit ihren Forderungen an die Politik ein weit besseres Gehör verschaffen. Andererseits müssen das deutsche Bildungssystem und entsprechend die Systeme in anderen Ländern im wirtschafts- und sozialpolitischen Bereich mit ausreichend geschulten Lehrern energisch nachgebessert werden, auch wenn das ein sehr weiter Weg ist, dem die herrschenden Kreise viele Steine in den Weg legen werden.

Kapitel 4: Der Rückweg - Was geschehen müsste

Sollte sich eine ausreichend informierte Mehrheit in Deutschland und anderswo zu einem Rückbau der schlimmsten Elemente der neoliberalen Globalisierung einsetzen, so wäre das zwar vom Prinzip her leichter als ein total neues Wirtschaftssystem zu schaffen, weil der Weg zurück den bekannten Weg in die Verirrung folgen würde. Doch darf man annehmen, dass die Profiteure der Verirrung maximalen Widerstand zeigen und selbst demokratisch sanktionierte Entscheidungen nicht akzeptieren würden. Viel hinge dann davon ab, ob ausreichend viele Länder den Rückzug anträten. Deutschland allein könnte nur das korrigieren, was frühere Regierungen im Überschwang noch oben drauf gelegt haben und mit dem internationalen Wettbewerb wenig zu tun hat.

In jedem Fall müssten die enormen mit der Globalisierung eingeführten Steuererleichterungen für hohe Einkommen und für Kapitalerträge sowie für Unternehmen korrigiert und dabei Steuerflucht verhindert werden. Die von der Schröder-Regierung ausgesetzte Vermögenssteuer wäre zu reaktivieren. Exorbitante Arbeitseinkommen, wie bei den Bossen der Multis, wären mit einer Obergrenze zu belegen, jenseits derer die Steuer zugreifen würde. Weiter wäre wieder ein normales und gerechtes System der Arbeitslosenversicherung einzurichten. Leiharbeit und befristete Arbeitsverhältnisse wären gesetzlich zurückzuschneiden, die Lohndiskriminierung der Frauen durch gesetzliche Regeln einzudämmen, der Mindestlohn erheblich anzuheben, mindestens auf das Niveau der wichtigsten Nachbarn. Das Rentensystem wäre, wie in Dänemark, für kleine Renten durch ein System von Mindestrenten zu stärken. Bei höheren Steuern für die höheren Einkommen müsste es möglich sein, die staatlichen Renten so zu stützen, dass die Angst vor Altersarmut erheblich gebremst wäre. Das Schul- und Bildungssystem müsste finanziell wesentlich besser ausgestattet werden. Ein grosses Programm für sozialen Wohnraum wäre zu starten.

Zu beenden wären sowohl die unter Schröder eingeführte Staatsangehörigkeit für bei uns geborene Kinder von Ausländern wie das von ihm geschaffene erleichterte Verfahren der Einbürgerung von Ausländern sowie der Doppelpass für Nicht-EU-Ausländer. Wie in anderen klassischen Einwanderungsländern könnten Nicht-EU-Ausländer dann nur auf der Basis einer Einwanderungspolitik mit Beurteilung ihrer beruflichen Qualifikation Deutsche werden und müssten die ausländische Staatsangehörigkeit aufgeben. Wie früher sollten türkische Staatsangehörige nicht mehr in Wahllokalen auf deutschem Boden wählen dürfen.

Beim Rückbau der eigenen neoliberalen Verirrungen hätte Deutschland den Vorteil einer relativ geringen Staatsverschuldung, eines funktionierenden Systems für die Eintreibung von Steuern und eines relativ robusten Aussenhandels, der auf die bisherigen extremen Überschüsse zugunsten einer besseren Binnenkonjunktur verzichten könnte.

Weit schwieriger wird es natürlich dort, wo die neoliberale Globalisierung international aufgesetzt wurde. Das gilt zunächst für die EU und den Euro. Dabei müsste mit einem System der zwei Geschwindigkeiten, die ineffiziente und spaltende Aufblähung der Gemeinschaft durch immer mehr Mitglieder zurückgenommen werden. Gleichzeitig wären viele der Kompetenzen, die in den letzten Jahren auf die EU übertragen wurden und dort zu einem administrativen Ungeheuer geführt haben, in den nationalen Bereich zurückzuholen. Der Euro wäre in einem längeren kontrollierten Prozess abzuwickeln, bevor er von alleine an seinen Unstimmigkeiten in einer riesigen Krise scheiterte.

Für eine Rückabwicklung der neoliberalen Globalisierung in den Bereichen von Handel, Investitionen und Finanzen sowie bei der Immigration bräuchte Deutschland starke Partner. So könnte nur mit ihnen das Welthandelssystem so umgebaut werden, dass das wuchernde soziale Dumping unmöglich würde. Nach einer längeren, schrittweisen Übergangsfrist müssten Importe aus Ländern ohne Streikrecht und ohne unabhängige Gewerkschaften stark erschwert werden; Gleiches müsste für Länder gelten, die miese Umweltverhältnisse zulassen, um in der globalen Konkurrenz daraus Vorteile zu ziehen. Im Finanzbereich wären die Banken viel stärker zu regulieren und notfalls staatlich zu betreiben. Der internationale Kapitalverkehr müsste wieder besser kontrolliert werden, um die globale Spekulation und Steuerflucht zu bekämpfen. Der Aufkauf von Unternehmen, um so Technologie abzusaugen, müsste vor allem dort verhindert werden, wo – wie bei China – Staatsunternehmen als Käufer auftreten. Die nun bei CETA den Multis eingeräumten Rechte für besondere Schiedsgerichte neben den normalen staatlichen Gerichten und für eine Beteiligung an der nationalen Gesetzgebung wären aufzukündigen.

Besonders schwierig wäre ein Zurückdrehen der Massenmigration von Wirtschaftsflüchtlingen, vor allem aus Afrika. Unvermeidbar wäre eine Obergrenze der jährlichen Zuwanderung, um das immer noch global wahrgenommene deutsche Willkommenssignal für Flüchtlinge wegzuräumen. Wegen des hohen Masses an Korruption und Selbstbereicherung der Herrscher in den meisten afrikanischen Ländern wird es sehr schwierig werden, durch grosse Wirtschaftsprogramme, wie den in Deutschland vorgeschlagenen „Marshallplan für Afrika", die Migration zu stoppen. In jedem Fall wären die deutschen Hilfen für die UN-Hilfsorganisationen dramatisch aufzusteppen. Wahrscheinlich wird Deutschland nicht darum herumkommen, die Aufnahme auf echte Fälle von Asyl nach dem Grundgesetz und der UN Flüchtlingskonvention zurückzufahren. Das Problem der Wirtschaftsmigration wird jedoch allenfalls einzudämmen sein, zumal es auch ohne die neoliberale Globalisierung zu erwarten gewesen wäre und durch diese nur verschlimmert wurde.

* * * * *

Es wäre zweckmässig, den Rückbau der neoliberalen Globalisierung einem Volksentscheid zu unterwerfen, um seine demokratische Natur für die Zukunft abzusichern. Das ist schon deshalb nötig, weil mit immer neuen Versuchen zu rechnen ist, die Schritte zurück in die Zeit vor der neoliberalen Globalisierung wieder zu korrigieren. Auch würde mit starken Medienkampagnen zu rechnen sein, wenn die Meinung des deutschen Volkes nicht eingeholt würde.

Wie gespalten die deutsche Bevölkerung entlang den sozialen Grenzen und wie unterschiedlich der Einfluss auf politische Entscheidungen dann ist, hat im Juni 2016 die Studie zur „selektiven Responsivität" in Deutschland gezeigt. Sie war von Ministerin Nahles als Beitrag für den nächsten Armuts- und Reichtumsbericht in Auftrag gegeben worden. Auf Grundlage der Umfragen des „DeutschlandTrends" im Zeitraum 1998-2013 zu diversen Sachfragen wurde in einem ersten Schritt untersucht, welcher Anteil der Befragten - differenziert nach soziodemographischen Merkmalen - sich zu politischen Änderungen wie verhält; in einem zweite Schritt wurden die tatsächlich getroffenen Entscheidungen verglichen mit den jeweiligen Einstellungen unterschiedlicher sozialer Gruppen. Für den fünfzehnjährigen Untersuchungszeitraum fanden die Forscher einen deutlichen Zusammenhang zwischen der Meinung höherer Einkommensgruppen und den danach getroffenen politischen Entscheidungen, aber keinen oder sogar einen negativen Zusammenhang für die Armen. Dieses Muster war besonders deutlich ausgeprägt, wenn sich Befragte mit unterschiedlichem Einkommen in ihren politischen Meinungen unterscheiden, z.B. zu den Hartz-Reformen, der Rente mit 67 Jahren oder dem Mindestlohn.

Kapitel 5: „Retrotopia" - Die Umkehr als Utopie?

Utopien sind eigentlich eine schöne Sache. Sie können begeistern, auch wenn solche Begeisterung selten anhält. Der englisch-polnische Professor für Soziologie an der Universität von Leeds Zygmunt Bauman hat ein Buch unter dem Titel „Retrotopia" geschrieben, das 2017 kurz nach seinem Tod erschienen ist. Auch er knüpft an Paul Klees Bild vom „Angelus Novus" und dessen Interpretation aus dem altjüdischen Glauben durch Walter Benjamin an. Auch er sieht einen Rückgang der Geschichte als Möglichkeit.

Doch es ist kein Rückgang aus der Globalisierung selbst, die er wohl als unveränderbar einschätzt. Stattdessen ist für ihn der Versuch eines Ausstiegs aus der Globalisierung nur ein nostalgischer Traum, der zu einem Rückgang der Geschichte in ferner zurückliegende Zeiten, weit vor der Globalisierung, führt, als es der Menschheit tatsächlich relativ schlecht ging. Wer sich dorthin zurückträumt, statt in die Idee einer alternativen Gesellschaft für die Zukunft zu vertrauen, unterliegt deshalb nach Bauman einer bösen Utopie. Das ist eine Umkehr aus Hoffnungen für Verbesserungen in einer unsicheren und immer mehr vertauensunwürdigen Zukunft zu Hoffnungen in eine nur vage erinnerte Vergangenheit. Bauman beklagt vehement die Auswüchse der Globalisierung, die zu verzweifelten und unerfüllbaren Retro-Illusionen führten.

So kommt Bauman zu sehr pessimistischen Ergebnissen: Die Nostalgie, in deren Zeitalter wir nun begonnen hätten zu leben, könne uns nicht in eine bessere Zukunft führen. Bauman bezieht sich auch auf die Harvard Professorin Svetlana Boym, der zufolge das 20. Jahrhundert mit einer futuristischen Utopie begann und mit einer globalen Epidemie von Nostalgie endete. Diese „Retropien" seien Visionen, die in einer verlorenen oder gestohlenen oder aufgegebenen, aber nicht toten Vergangenheit angesiedelt seien.

Die Hauptursache für diese nostalgische Rückwendung sieht Bauman in dem wachsenden Graben zwischen Macht und Politik, zwischen der Fähigkeit, Veränderungen zu bewirken, und der Fähigkeit zu entscheiden, was getan werden müsste. Letztere Fähigkeit war einst Sache des territorial souveränen Staates. Doch wegen der Globalisierung könne der nationale Staat nicht mehr liefern, was er verspreche. Daraus folge eine weitverbreitete Enttäuschung, ein Verlust des Glaubens, dass die Zukunft die menschliche Kondition verbessern könnte, und ein generelles Misstrauen in die derzeitigen Fähigkeiten nationaler Staaten unter Bedingungen der Globalisierung.

An vier Bereichen versucht Bauman zu erklären, wie sich die durch die Globalisierung von der Leistungsfähigkeit des nationalen Staates Enttäuschten nostalgisch in der Geschichte zurückwenden. Der erste Bereich ist praktisch eine Zurückwendung zu der Zeit der politischen Philosophie des Engländers Thomas Hobbes, die in dessen berühmten Hauptwerk von 1651 „Leviathan oder Stoff, Form und Gewalt eines kirchlichen und staatlichen Gemeinwesens" Ausdruck gefunden hat. Darin trat Hobbes für die Notwendigkeit einer übergeordneten, allmächtigen Instanz ein, die die Einhaltung allgemeiner Gesetze gebietet und ihre Verletzung mit Strafen belegt. Indem die Gesetze allgemein gelten, bestehe zwischen den Bürgern des Staates kein allgemeiner Anlass zur Furcht mehr. Dieser Rolle des Staates werde nun heute das Vertrauen entzogen. Wieder liege das „Biest" Mensch offen. Bauman zitiert dann Henry Giroux: Der Neoliberalismus injiziere Gewalt in unsere Leben und Angst in unsere Politiken. So sei beispielsweise die Benutzung von militärischen Drohnen, die von weit jenseits der Landesgrenzen gesteuert würden, einer der heftigsten Schläge gegen die Schutzfunktion des nationalen Staates. Der Staat hätte sein Monopol verloren, eine Grenze zwischen der legitimen und der illegitimen Gewalt zu ziehen. Die gründliche Globalisierung der menschlichen Kondition würde jeden Versuch einer Kontrolle ignorieren, wenn sie von dem nominal souveränen Staat betrieben würde. Die Welt vor Hobbes Leviathan sei der Schauplatz eines Krieges von Allen

70

gegen Alle gewesen. Unsere Welt mit schwächer werdenden menschlichen Bindungen, von Deregularisierung und Atomisierung der politischen Strukturen, der Trennung zwischen Politik und Macht sei nun wieder ein solches Kriegsfeld. Das Leben in unserer aktualisierten Version der Hobbesschen Welt sei, wie durch ein Minenfeld zu laufen, dessen Pläne verloren gegangen seien. Wir seien durch die Globalisierung in der Tat auf dem Wege zurück in die Welt von Hobbes.

Zweiter Bereich: Wenn die Grenzen durch die Globalisierung porös würden, zögen sich die Menschen in ihre inneren Stämme zurück und schlössen sich von Fremden ab. Ein fremder Stamm sei dann immer minderwertig. Durch die inkohärenten Transformationen der existenziellen Bedingungen fühle sich die Gegenwart nicht weniger wie ein „fremdes Land" an als die Vergangenheit. Wir fürchteten die Zukunft, nachdem wir das Vertrauen in unsere kollektive Fähigkeit verloren hätten, ihre Exzesse einzudämmen. Die Vision eines unaufhaltsamen Fortschritts trage die Drohung des Verlusts mit sich und sei mehr mit sozialer Degradierung als sozialem Aufstieg assoziiert. Eine Nachbarschaft, die mit Fremden angefüllt werde, sei ein sichtbares, fühlbares Zeichen der verschwindenden Sicherheiten und von Leben, das aus unserer Kontrolle herausdrifte. Für viele der degradierten und verlassenen Menschen dieser Welt, markiert durch einen wachsenden Graben zwischen den frei schwebenden globalen Eliten und den lokal Fixierten, verspreche das „Zurück zu den Stämmen", mit dem Ruf nach Mauerbau und Verstärkung der Grenzen, Schutz und Mitgefühl, nicht Hass und Aufteilung. Doch nach der Globalisierung des Kapitals, der Waren und der Vorstellungen sei nun die Globalisierung der Menschheit gekommen.

Drittens brächte, so Bauman, die Globalisierung die Ungleichheit zurück zwischen Armen und Reichen, die über eine längere Periode hätte abgebaut werden können. Der lange anhaltende Waffenstillstand zwischen Kapital und Arbeit sei beendet. Ausgelöst durch die Globalisierung hätten die Bosse die gegenseitige Abhängigkeit von Kapital und Arbeit aufgekündigt.

Als eine vierte Entwicklung beklagt Bauman den Versuch der Bedrängten, zu sich selbst zu finden und die Lösung für ihre Probleme statt in der Gemeinschaft in sich selbst zu suchen. Unter den Selbstsuchern seien Erfahrungen von Klasse und Solidarität unmöglich und irrelevant. Viele Menschen retteten sich mit dem Kauf kleiner Gadgets, die kleine Portionen an Zufriedenheit lieferten. Bauman spricht dabei auch einen sich ausbreitenden Narzissmus an.

Baumans Beschreibung der negativen Folgen der Globalisierung trifft sicher in grossen Teilen zu und deckt sich mit vielen der hier in diesem Buch dargestellten Folgen der Globalisierung. Allerdings ist das, was Baumann beschreibt, nur ein ziemlich hoffnungsloses Klagelied, weil er die neoliberale Globalisierung der letzten vierzig Jahre zum fixen Ausgangspunkt seiner Überlegungen macht und dann zurecht alle Versuche verwirft, mit dem was er „Retrotopia" nennt dagegen zu halten. Dabei sind seine Beispiele von „Retrotopia" so ausgesucht, dass sie einfach nicht zum Erfolg führen können.

Auch wenn es lange Zeit braucht und wesentlich mehr Bildung der Betroffenen, kann man das Wachsen des Widerstands in vielen Ländern, nicht nur in Grossbritannien und USA, schon heute beobachten. Und aus diesem Widerstand werden eines Tages bei ausreichendem Informationsstand der Betroffenen Lösungen erwachsen, die den Irrweg der letzten vierzig Jahre, wenn auch nicht komplett, so doch ausreichend zurückgehen. Die neoliberale Globalisierung ist immer noch umkehrbar, selbst wenn derzeit mit einer Umkehr nicht gerechnet werden kann. Brexit und Trump sind jedenfalls keine Hoffnungsträger für eine seriöse Rückbesinnung. Klees „Angelus Novus" wird beim Rückbau helfen.

Und noch etwas: Bei allem Fortschrittsglauben, den uns unsere Kultur seit dem Zeitalter der Aufklärung tief eingeimpft hat, hat die Menschheit immer wieder Fehlentwicklungen erkennen müssen, nach denen sie rückschreitend ihre kulturellen und moralischen Standards zurückgewinnen musste. Die rückschreitende Reparatur ist also nichts Unmögliches. Das gilt für einzelne Völker, wie im vergangenen Jahrhundert gerade das deutsche Volk, oder ganze Regionen, die immer wieder in die Barbarei gefallen sind. Auch die hemmungslose Ausbeutung unserer natürlichen Ressourcen zu Lasten künftiger Generationen ist eine solche Barbarei, ebenso das Loblied auf die „multikulturelle Gesellschaft", die sich nur die Eliten leisten können und bei der die Lasten auf die ohnehin in der Gesellschaft Benachteiligten abgeladen werden.

Ebenso ist die neoliberale Ausprägung der Marktwirtschaft, einschliesslich des von ihr gezeugten globalen Raubtierkapitalismus, eine dogmatische, technokratische Ideologie, die mit dem totalitären Fortschrittsanspruch der Aufklärung daherkommt, tatsächlich aber ein Rückfall in die Barberei. Man muss da an die Soziologen der Frankfurter Schule Horkheimer und Adorno denken, mit denen Walter Benjamin befreundet war. Angesichts des Triumphs von Faschismus und Monopolkapitalismus hielten sie in ihrem 1939 begonnenen Werk „Dialektik der Aufklärung" die Aufklärung für totalitär wie nur irgendein System. Die totalitäre Ordnung setze kalkulierendes Denken ganz in seine Rechte ein. Ihr Kanon sei die eigene blutige Leistungsfähigkeit. Aufklärung habe zwar das Ziel verfolgt, von den Menschen die Furcht zunehmen, die vollends aufgeklärte Erde strahle aber im Zeichen triumphalen Unheils. Die Menschheit, deren Geschicklichkeit und Kenntnis sich mit der Arbeitsteilung differenziere, werde zugleich auf anthropologisch primitivere Stufen zurückgezwungen. Denn die Dauer der Herrschaft bedinge bei technischer Erleichterung des Daseins die Fixierung der Instinkte durch stärkere Unterdrückung.

Ein kurzes Nachwort

Wesentliches habe ich hier nicht mehr nachzutragen. Über Klees „Angelus Novus" und Benjamins Interpretation ist viel philosophiert worden. Das Bild war unmittelbar nach dem schrecklichen Ersten Weltkrieg entstanden. Dessen Trümmerhaufen, vor dem Klees Engel bildlich geflohen sein könnte, war sicher weit schlimmer als das, was in den letzten Jahrzehnten die neoliberale Globalisierung angerichtet hat. Doch auch diese Form von Globalisierung kann, wenn weiter ungebremst und kaum gemanagt, noch zu ziemlich schrecklichen Entwicklungen, auch zu Bürgerkriegen, Handelskriegen, weiteren schweren Wirtschaftskrisen und selbst internationalen Konfrontationen führen, wovon sich einiges schon am Horizont, wenngleich bisher nur vage, andeutet. Unsere Welt ist jedenfalls alles andere als ein ruhiger Platz geworden, an dem man vor unangenehmen Überraschungen sicher sein kann.

Mehr als ein Dutzend von Klees Bildern endeten später in Hitlers Ausstellung „Entartete Kunst". Der „Angelus Novus" wurde von Benjamin, der das Bild im Jahre 1921 erworben hatte, vor diesem Schicksal deutscher Schande bewahrt. In Benjamins pessimistischer Vorstellung, die sich dem marxistischen Fortschrittsglauben entgegenstellte, muss der Engel das Sinnbild der Geschichte gewesen sein. Benjamin stand der Frankfurter Schule nahe, und so wurden seine Hinterlassenschaften nach dem Zweiten Weltkrieg an Theodor Adorno, der das Frankfurter Institut für Sozialforschung ab 1951 stellvertretend leitete, weitergegeben. In dessen Wohnzimmer hing dann auch Klees Engel. Von dort fand er seinen Weg in das Israel Museum, wo er sich nun seit 1987 befindet. Eine breitere Öffentlichkeit konnte ihn also erst fast siebzig Jahre nach seiner Entstehung erstmals zu Gesicht bekommen.

Anhang1: Immigration - Afrika

In Afrika leben zurzeit 1,2 Milliarden Menschen. Die Geburtenraten von Kindern pro Frau sind vor allem in den islamischen Ländern Afrikas enorm hoch, in Subsahara-Afrika, wo die meisten Afrikaner leben, dreimal höher als in Europa. Daher wird die afrikanische Bevölkerung nach den Voraussagen des UN Bevölkerungsprogramms in nur 35 Jahren bereits auf 2,5 Milliarden angestiegen sein oder mehr als doppelt so viele wie heute. Die unter 25 Jahre werden von derzeit 0,7 Milliarden auf 1,3 Milliarden zunehmen. Dann würden 37 % aller Menschen der Welt unter 25 Jahre allein in Afrika leben. In Subsahara-Afrika wird sich die Bevölkerung bis 2050 auf das 2,2-Fache, in Nordafrika um fast die Hälfte erhöhen. Das sind viele Zahlen. Doch sie sind für unsere Zukunft enorm wichtig.

In vielen Ländern Afrikas ist die Arbeitslosenrate, soweit sie von der ILO überhaupt erfasst wird, schon jetzt sehr hoch. Das gilt vor allem für Jugendliche: Unter männlichen Jugendlichen Nordafrikas ist sie mehr als dreimal so hoch wie unter männlichen Erwachsenen, unter weiblichen sogar mehr als sechsmal. Fast 20 % der Arbeitnehmer in Nordafrika müssen mit ihren Familien von weniger als 2 $/Tag leben. In Subsahara-Afrika ist noch viel schlimmer.

Angesichts der Begrenzung der Arbeitsplätze und der Ernährungssituation sowie eines enormen Ausmasses an Korruption, anhaltender Bürgerkriege und oft brutaler Unterdückung werden in den kommenden Jahrzehnten sehr viele Afrikaner zur Auswanderung gezwungen sein, um zu überleben.

Je mehr Flüchtlinge Europa jetzt aufnimmt, umso grösser auch der Sog gerade auf Afrika. Die deutschen Willkommenssignale werden im Zeitalter der globalen Digitalisierung in Afrika ebenso empfangen wie in den Flüchtlingslagern der Syrer oder in Afghanistan.

Anhang 2: Schwächen des deutschen Bildungssystems

Aufstiegsmobilität und Chancengleichheit waren einmal in Deutschland heilige Grundsätze der sozialen Marktwirtschaft, ihr eigentliches Credo und entscheidendstes Element. Wenn schon Einkommen und Vermögen sehr ungleich verteilt sind, so muss jeder eine Chance haben, sich durch eigene Ausbildung und Arbeit aus der Ungleichheit wenigstens teilweise herauszuarbeiten. Doch mit dem Abbau der sozialen Marktwirtschaft ist die deutsche Gesellschaftsstruktur jetzt total verkrustet. Das ist umso perverser, als durch die demographische Entwicklung immer weniger junge Menschen, die keinen Migrationshintergrund haben, nachwachsen. Der gebetsmühlenartige Gesang von der Chancengleichheit ist dennoch ständig auf den Lippen von Regierung und Medien.

Die Kinder kommen schon mit extrem unterschiedlichen Chancen ins Schulalter, je nach Bildungshintergrund der Eltern, Migrationshintergrund, Hartz-4 oder nicht, sowie sonstiger Schichtung. Kinder mit Hartz-4 Hintergrund sind oft schon zum Zeitpunkt der Einschulung im Nachteil. Umso wichtiger wäre es, möglichst viele dieser Unterschiede durch ein gutes Schulsystem auszugleichen. Doch Deutschland ist seit den siebziger Jahren in ständiger Annäherung an die Verhältnisse in den USA zu einem der aufstiegsunfreundlichsten Länder verkommen. Das deutsche Schulsystem ist heute bestenfalls Mittelklasse und schafft einzig in der Welt mehr Absteiger als Aufsteiger. Geldbeutel und soziale Herkunft der Eltern sind für schulischen Erfolg und dementsprechend berufliche Entwicklung die wichtigsten Kriterien. Wollten nach einer Analyse von Steffen Schindler für die Vodaphone Stiftung Mitte der siebziger Jahre 80 % der Studienberechtigten aus bildungsfernen Familien an eine Hochschule, sind es heute weniger als 50 %. Der Wert sank zwar auch bei Familien aus dem Bildungsbürgertum, allerdings nur von 90 auf 80 %.

In einer Meinungsumfrage von Infratest dimap im Auftrag von REPORT MAINZ wurden 1000 Bundesbürger nach ihrer

Meinung zu den Aufstiegschancen in Deutschland befragt. Bundesbürger, die sich eher zu den unteren Schichten zählen, sehen die Möglichkeiten aufzusteigen besonders kritisch. Die Umfrage zeigt, dass 68 % von ihnen die Aufstiegschancen in Deutschland als weniger oder gar nicht gut empfinden. Nur 29 % bezeichnen sie als sehr gut oder gut. Ähnlich glauben nach einer IPSOS-Umfrage von 2016 mehr als die Hälfte der in Deutschland Befragten (53 %), dass die heutigen Kinder schlechter dran sein werden als ihre Eltern.

Selbst die deutschen Schullehrer glauben nicht an gleiche Chancen im deutschen Schulsystem. Nach der Untersuchung des Instituts für Demoskopie Allensbach im Auftrag der Vodafone Stiftung vom April 2013 glaubten fast zwei Drittel der befragten Lehrer, dass Chancengerechtigkeit an deutschen Schulen „gar nicht gut" oder „weniger gut" verwirklicht ist.

Nach einer im Januar 2013 veröffentlichten Studie des Deutschen Instituts für Wirtschaftsforschung (DIW) hängen die unterschiedlichen Bildungserfolge der Menschen in Deutschland zu mehr als 55 % von ihrem Elternhaus ab. Auch die Ungleichheit zwischen den individuellen Arbeitseinkommen lässt sich zu etwa 40 % durch den Familienhintergrund erklären. Im internationalen Vergleich ist danach das Mass an Chancengleichheit in Deutschland erschreckend gering. Deutschland steht auf einer Stufe mit den Vereinigten Staaten am unteren Ende der Skala für Chancengleichheit.

Die OECD hat in ihrer Kompetenzstudie von 2013 den Unterschied in der Lesefähigkeit zwischen Erwachsenen mit Eltern ohne Oberschulabschluss und solchen mit Eltern, von denen mindestens ein Teil Universitätsabschluss hat, international verglichen. Nirgendwo, ausser in USA, ist der Unterschied so gross wie in Deutschland. Da also Eltern mit wenig Bildung in Deutschland durchschnittlich oft zu Kindern mit wenig Bildung führen, hat sich dieser Effekt, demgegenüber das deutsche Schulsystem versagt, über die Jahre verstärkt.

Eine Studie der Bertelsmann Stiftung bestätigt das: „Die Dynamik absoluter Aufwärtsmobilität scheint deutlich erlahmt zu sein. Dies bedeutet, dass die Mitte nicht mehr aus dem

Zustrom von Aufsteigern wächst." Die Studie führt vor, wie deutsche Schulen doppelt so viele Absteiger wie Aufsteiger produzieren. So wurden im Schuljahr 2010/11 50.000 Schüler auf eine niedrigere Schulform geschickt, nur 23.000 auf eine höhere. In der Sprache der Bildungsbürokratie heisst das „Abschulung". Das deutsche Schulsystem ist vor allem in eine Richtung durchlässig: nach unten. Kinder aus bildungsfernen Familien schaffen es in Deutschland viel seltener ans Gymnasium und ins Studium als die aus dem Bildungsbürgertum.

In den meisten OECD-Ländern ist die intergenerationale Bildungsmobilität nach oben hin stärker ausgeprägt als nach unten - anders ausgedrückt: Der Anteil der jungen Erwachsenen, die ein höheres Bildungsniveau erreichen als ihre Eltern, ist höher als der Anteil der jungen Erwachsenen, die ein geringeres Bildungsniveau erreichen. In Deutschland ist dies jedoch nicht der Fall: Nur 20 % der 25- bis 34-Jährigen, die nicht mehr an Bildung teilnehmen, ist es gelungen, ein höheres Bildungsniveau zu erreichen als ihre Eltern, während 22 % dieser Altersgruppe ihre Ausbildung mit einem niedrigeren Niveau abgeschlossen haben. Im OECD-Vergleich mit einem Durchschnitt an Aufwärtsmobilität von 37 % gegen Abwärtsmobilität von nur 13 % belegt Deutschland den ungünstigsten Platz.

Vor allem ist das deutsche Grundschulsystem, das für die Entwicklung der sozial Benachteiligten und der Kinder mit Migrationshintergrund so grosse Bedeutung hat und in dem die Weichen für die späteren Bildungskarrieren bis zur Hochschulreife gestellt werden, notorisch unterfinanziert. Dies hat zur Folge, dass in Deutschland die Klassen verglichen mit vielen Ländern grösser sind, mehr Schüler auf eine Lehrkraft kommen und auch weniger Unterrichtsstunden haben.

Die öffentlichen Schulen laufen nun Gefahr, noch weniger leisten zu können. Je mehr der deutschen Sprache allenfalls mässig mächtige Ausländerkinder auf die Grundschulen kommen, umso schwieriger wird der Unterricht. Der Deutsche Philologenverband hat daher eine Obergrenze für den Migrantenanteil in Schulklassen gefordert. Nur so könnten Flüchtlinge erfolgreich integriert werden: „Schon wenn der

Anteil von Kindern nicht deutscher Muttersprache bei 30 % liegt, setzt ein Leistungsabfall ein. Dieser wird ab 50 % dramatisch". Ausserdem fehlen laut Philologenverband schon jetzt in Deutschland bis zu 30.000 Lehrer.

Im Ergebnis hat das deutsche Bildungssystem erhebliche Schwächen. Der Anteil der Menschen ohne abgeschlossene Berufsausbildung oder Abitur ist in den vergangenen Jahrzehnten kaum gesunken. Er liegt bei den heute 25- bis 34-Jährigen bei 13 %, in der Gruppe der 55- bis 64-jährigen bei 14 %. Das ist im OECD-Vergleich relativ hoch. In vielen anderen Ländern konnte dagegen der Anteil der Geringqualifizierten in den vergangen 30 Jahren deutlich verringert werden, so z.B. in Österreich von 23 % auf 10 %, in der Schweiz von 16% auf 8 %. Gerade das Armutsrisiko unter Menschen ohne Schulabschluss hat sich zwischen 2009 und 2015 von rund 40 % auf mehr als 46 % erhöht.

Anhang 3: Sozialpolitik im Zeichen der Globalisierung (Auszug aus Schulfuchs.de)

„Die Arbeitswelt verändert sich stetig. Die Globalisierung und die neuen Kommunikationstechnologien haben neue Berufsbilder entstehen lassen und andere verdrängt. Das sozialversicherungspflichtige Normalarbeitsverhältnis, wie wir es bisher kennen, weicht flexibleren Erwerbsformen. Die Globalisierung hat in Deutschland Auswirkungen auf die Wirtschaft, das Sozialsystem und unser Privatleben. Viele Länder und Menschen haben sich auf die Öffnung der Märkte, die wachsende Mobilität von Kapital und Arbeit und die enorm gestiegene Nachfrage von Dienstleistungen eingestellt. Positive Folgen sind ein weiteres Wirtschaftswachstum auf Basis der gestiegenen Exporte, neue Arbeitsplätze und damit verbunden ein steigender Lebensstandard. Im ersten Jahrzehnt des 21. Jahrhunderts bleibt die wichtigste Aufgabe im Sozialstaat Deutschland, das Sozialsystem den wirtschaftlichen und gesellschaftlichen Veränderungen anzupassen. Die deutsche Wirtschaft hat sich seit dem Beginn der Wirtschafts- und Finanzkrise, auch dank der Massnahmen der Agenda 2010, als erstaunlich robust erwiesen. Problematisch bleibt die Situation für Menschen ohne Schulabschluss, für Geringqualifizierte und für Langzeitarbeitslose. Sie sind nur sehr schwer in den Arbeitsmarkt zu vermitteln. Durch den zunehmenden Einsatz IT-Systemen und Computern fallen geringer qualifizierte Tätigkeiten weg. Mehr Geld für Bildung, finanzielle Unterstützung für Geringverdiener, Hilfen für Kinder aus armen und bildungsfernen Familien sowie Weiterbildungsangebote für Menschen ohne Schulabschluss und Arbeitsuchende sollen dem sozialen Gefälle zwischen Arm und Reich entgegenwirken. Es geht aber auch darum, die Eigenverantwortung jedes Einzelnen zu stärken, sodass er in der Lage ist, für sich selbst Vorsorge zu tragen. In Deutschland existiert ein umfangreiches Netz der sozialen Sicherung. Die wichtigsten Pfeiler dieses Netzes werden jedes Jahr angepasst."

Kommentar: Die Globalisierung ist hier eine gute Sache, bei der sich Länder und Menschen auf die Öffnung der Märkte, die wachsende Mobilität von Kapital und Arbeit und die enorm gestiegene Nachfrage von Dienstleistungen eingestellt haben mit dann positiven Folgen für ein weiteres Wirtschaftswachstum auf Basis gestiegener Exporte, neuer Arbeitsplätze und damit verbundenem steigendem Lebensstandard. Und natürlich wird die Agenda 2010 nur lobend und daher einseitig erwähnt. Gleichzeitig wird jeder Zusammenhang der angesprochenen sozialen Probleme mit der Globalisierung unterdrückt und nur die Digitalisierung für Arbeitsplatzverluste verantwortlich gemacht, obwohl gerade der Globalisierungswettbewerb massiv geringer qualifizierte Tätigkeiten abgeräumt hat. Im Übrigen ist für dieses Lernmaterial alles in Butter, da der Staat ja mit Hilfen den sozialen Problemen entgegenwirkt und „ein umfangreiches Netz der sozialen Sicherung" existiert. Und schließlich muss „jeder selbst für sich Vorsorge tragen". Ein ungelöstes Problem von arm und reich gibt es in dieser durchweg heilen Welt natürlich auch nicht, zumal der Lebensstandard für uns alle dank Globalisierung steigt. Noch neoliberaler ginge es für den Schulunterricht gar nicht.

Walter Benjamin: „Es gibt ein Bild von Klee, das Angelus Novus heisst. Ein Engel ist darauf dargestellt, der aussieht, als wäre er im Begriff, sich von etwas zu entfernen, worauf er starrt. Seine Augen sind aufgerissen, sein Mund steht offen und seine Flügel sind ausgespannt. Der Engel der Geschichte muss so aussehen. Er hat das Antlitz der Vergangenheit zugewendet. Wo eine Kette von Begebenheiten vor uns erscheint, da sieht er eine einzige Katastrophe, die unablässig Trümmer auf Trümmer häuft und sie ihm vor die Füsse schleudert.“

Klee hatte das Bild unmittelbar nach dem schrecklichen Ersten Weltkrieg gemalt. Dessen Trümmerhaufen, vor dem der Engel bildlich geflohen sein könnte, war sicher weit schlimmer als das, was in den letzten Jahrzehnten die neoliberale Globalisierung angerichtet hat. Doch auch diese Form von Globalisierung kann, wenn weiter ungebremst und kaum gemanagt, noch zu ziemlich schrecklichen Entwicklungen, auch zu Bürgerkriegen, Handelskriegen, weiteren schweren Wirtschaftskrisen und selbst internationalen Konfrontationen führen, wovon sich einiges schon am Horizont, wenngleich bisher nur vage, andeutet. Unsere Welt ist jedenfalls alles andere als ein ruhiger Platz geworden, an dem man vor unangenehmen Überraschungen sicher sein kann. Zeit zur Umkehr. Es ist nicht zu spät.

Joachim Walliser

Dichte Zustände

Lyrik oder so